音

L'ÉCRIVAIN SE FAIT MUSICIEN POUR
NOUS OFFRIR UNE PHILOSOPHIE DE
LA MUSIQUE
...

MUSIQUE

樂

...
QUI INCARNE LE VRAI LANGAGE
DU MONDE ET DES VIVANTS.

MICHEL SERRES
米榭・塞荷 著｜陳太乙 譯

5
序

7
雜響
傳說

首先描述貫穿作曲家一生的音樂之河。

51
聲音
科學

繼而坦承何種音樂是我此生所夢，
並將我拋上本書的論述之岸。

119
聖言
誕生與讚美

自創世紀湧出一條音樂之河，
塑造並產生時間，
洪流滔滔，沿每個世紀奔淌。

・謹記友人・

小提琴家

耶胡迪・曼紐因
Yehudi Menuhin

鋼琴家

皮耶・巴比才
Pierre Barbizet

小提琴家

克里斯提昂・費拉斯
Christian Ferras

大提琴家、合唱團指揮

賈克・莫諾
Jacques Monod

上低音號

皮耶・加爾岱
Pierre Gardeil

・致・

女中音

碧翠絲・烏麗雅－夢宗
Béatrice Uria-Monzon

女高音

蘇菲・邦卡爾
Sophie Bancquart

易沙意弦樂四重奏
Quatuor Ysaÿe

PRÉFACE

序

沿著從世界雜響奔向言語意義及科學成就的音樂之河順流而下，本書朝這麼一處下游三度探行；一條類似的歌頌之路，穿越人群的運動或體內的情緒，充分發展成話語綻放。同樣地，在萬物的力道或強度和以符碼交流的呼喚之間，還流動著一股音潮；同樣地，有如瀑布一般，能量朝信息節節而下，硬與軟之間形成了巨大落差。

這條路徑可置換成三種根本變格：傳說的、凡人的與神聖的。第一種根據的是奧菲斯從酒神女信徒和各繆思女神處所獲致的啟蒙，以及他為了拯救愛妻深入地獄的故事。接著，充滿自傳色彩的第二類，宛如奏鳴曲，席捲知識這部變身為狂想曲的大敘事。最後一種富含聖經意義，從創世紀以來到耶穌誕生之日，不斷流傳吟詠，其間夾雜先驅者的苦難折磨，他的聲音平順了聖言之道。

歡喜的頌讚：古希臘的，學識的或神祕的，從雜響到聲音再到聖言，這三條大河匯流，合謀，共鳴。

音樂之波盪漾，盈溢每一條河道。

BRUITS
雜響

傳說
LÉGENDE

首先描述貫穿作曲家一生的音樂之河。

Décrire d'abord le fleuve musical
qui traverse la vie d'un compositeur.

奧菲斯的童年

童年的奧菲斯不說話，不唱歌，也不作曲。他一心想脫離周圍這座轟隆爆炸的地獄。他尋覓著一個安靜的地方，隔絕聲響，稀世罕見，在那裡，再也聽不見馬達和收音機所發出的雜響。那些垃圾般的噪音震耳欲聾，使他從小啞口不語。

為了找到這個地方，他出發前往地中海地區。途中，在德爾菲，他拜訪了皮媞亞[1]，她坐在冒著騰騰熱氣的地震斷層上；在多多納，他拜訪了賽勒女[2]，她們能解讀風透過葉叢所訴說之事。他去各個城市分別拜訪十二名瘋狂的西卜女巫[3]，拜訪各地的梅納德[4]和酒神女信徒們。夜裡，在一場場祕密的狂歡中，她們全都狂喊嘶吼。然後他驚訝於這些遠古時代的獨唱或合唱者，一如今日球場裡的觀眾，不斷地躁動，尖叫，喝采，詆毀。再一次，她們毀了他的聽覺。「為什麼這麼嘈雜？」他問自己。由於那些音調不同於我們這種不堪入耳的劈哩啪啦，奧菲斯比手畫腳，詢問那些女人喧鬧的理由。

西卜女巫，皮媞亞與酒神女信徒的喧嚷

他想他聽懂了女先知們的回答，每一位皆使用了屬於她們自己的祕語：

「如果你想學會說話，或者，長大以後，想以說話為業，例如當演員、律師、教師、演說家；如果你渴望唱歌，那麼，請將聲音帶出身體之外，讓它充滿從這裡到牆邊那麼大的空間。如果你願意在你的喉嚨上方，用密集的聲響或美妙的轉音揚起一柱振動著的氣流，像一股火焰漩渦那樣，那麼，你要知道：遠在言語承載意義之前，在歌謠傳播情感之前，聲音來自體內，來自身體的基底，平穩的盤踞，踏實的佇立，支撐，以動物之姿透過腳掌接地，用腳趾抓住長長的樹根；不知何方炙熱的泉源來自不知哪條地獄之河，沿著骨幹與肌理架構起的脊椎柱竄升，小腿，大腿，臀部，腹部，胸腔縱膈，一直到肩胛帶；如果深層的呼吸能得力於這套基礎，你的聲音就能發言，言之有物。」

「為了在明天、今晚或今夜，成功地用語言或歌聲表達自我，首先要練習模仿我們，我們這群迷醉在美酒和叫嚷之中的酒神女信徒；模仿我，吸食地心毒煙上癮的皮媞亞；或模仿其他人，隨著風穿葉叢之沙

沙輕顫而振動。我們用肢體捕捉世界的雜響。我們的聲音飛揚，因為雜響的翅膀從腳踝將我們向前推；我們透過肢體化身言語，膝蓋，髖骨，蹠掌皆樂此不疲。音樂，語言，意義，一如神迷狂喜與科學知識，稍後，緩緩地，都將從基底升起。飛揚的聲音來自大地，從身體的火山噴發。心靈之風長驅直入，毫無障礙。

我們的聲音，透過世界的肺與我們的肺發出，來自風及其震顫的呼嘯；來自我們的血脈與大海浩瀚的低語；來自地上的生物與空中的飛鳥；來自對生命之渴望，陰蒂之搏跳；來自宇宙之混沌；也來自群體的雜響，戰場上的哭嚎，人際關係的暴力與付出愛時的哀傷。這些信號生出千萬尖刺，刺穿我們的身體，鮮血流淌，痛苦萬分，最終才轉化成聲音。這些熱氣，這輕振的微風，這來自四面八方的雜響，請張開你的每個毛細孔去凝聽，你的肌膚也像一片巨大的耳膜，隨之鼓振。

將你的身體變成深深扎根的大樹，微風吹動枝枒，成群的鳥兒在枝葉間交談。你飛揚的聲音亦將如此：自大地而來，取道你身體這座火山；自空中而來，貫穿你身體這支樹幹；自水而來，流經你身體這條大河；自火焰而來，透過你身體這座熔爐。」

奧菲斯凝神諦聽

奧菲斯是個孩子，是個啞巴，這一切他都知道，只是沒意識到，至少沒能說出口。而在這些女人的指引之下，進入語言的領域之前，一點一滴地，默默地，他試著先傾聽……

……傾聽自己的身體，聲門沙啞的音響，心臟的跳動，脈搏的節奏，呼吸的拍子，以及耳鳴，耳朵裡瘋狂的嗡嗡振鳴，叮噹作響。他已經聽得見渴望的嗚咽，愛的荒漠；他學會去聽，周遭環境中，一名母親分娩時的呻吟，以及，新生兒的哭喊……

……人類最初的怨嘆。

他的肌膚也張開毛孔，接收城市愚蠢的轟隆喧鬧，戰場上的混亂巨響；虔誠地，他凝聽喜馬拉雅山巔的經幡在風中飄動，祈禱；祭典上的短詩經文，神祕冗長的連禱文中的祈求；各種宗教的詩篇；失戀人的哀歌；從非洲部落傳出的原始音樂……

……整體而言，他傾聽人群，聽他們的身體與他們的聚會，低語與嘈雜，先於故事形成前發聲，不斷作響，大抵不具意義。

幾位女祭司專門解說蕭蕭風聲和葉叢中的振翅，他專注於她們的教導，也聽見了林間賓客的音樂：山雀，紅隼，金絲雀與蜂鳥，大兀鷹，老鷹與白鴿，黑禿鷲；草叢的嘶嘶蛇鳴；森林裡，層層樹冠之下，公鹿發情的哀嚎；汪洋大海中，遠遠傳來的鯨歌；

分門別類的生命之璀璨爆發；

以及，更細膩的，某種非周期性晶體奇特的音樂和染色體微妙的半音性。

於是，整體而言，他聽見生物之進化與發展，爆裂與歌聲，在可能成為某種意義之前，不斷作響。

最後，皮媞亞和西卜女巫教他聽微風的喟嘆，水瀑的嘈雜，暴風雨的撞擊，漲潮的騷動，淌凌融冰宛如女人呻吟的細微碎裂。

歷經星團銀河乳白驚人的混沌，他的身體對世界深處的雜響敞開；那些聲響持續不斷、來回穿梭，織出時光的縱橫脈絡。

有那麼一刻，他甚至相信自己聽見大霹靂，爆炸穿越普朗克時間[5]之屏障，依然在時空之間迴盪。

一如那些通靈的女人，他的軀體也輕顫起來，與喧嚷的宇宙，與在可能的意義出現以前，那恆久不變的空虛混沌，合而為一。

在這些雜響之中 記憶老母（La mère Mémoire）理出秩序

聽覺敏銳且開放，但依然發不出聲，奧菲斯仍在地中海沿岸徘徊。一天晚上，在帕納索斯山上，他遇見一名老巫婆。女巫性情兇惡卻天賦異稟，知識豐富又滿懷怨懟。她是記憶老母，保存了世界的回憶：那是星星與結晶；她保存了軀體與生物的回憶：那是皺紋與化石；還保存了社會的回憶：那是謊言與檔案。

她有九個女兒。

在把女兒們介紹給他之前，她說：

「你離開了散居在裏海地區的西卜女巫。她們其中之一早就擄獲了太陽的心。太陽愛上她，時間之久已不復記憶。他應許她，享年之歲數與手中可捧住的沙粒一樣多。不，她當初說的不是沙粒，而是物質的原子數量！因此，自太初以來，在最早幾顆星子的照耀之下，她將活得跟宇宙一樣久。

由於她的狂喊晦澀難懂，於是，自世界乍現之始，她就著手重現心底的聲響——敞開身體，從地底的熱氣，空氣的亂流，大海的低語，火山的噴發所捕捉到的雜響。而她試圖從西卜神諭集裡，複製某段敘事，以她瘋狂的方式：在任何言語生成之前，模仿這些聲響。這些以往無從解讀的魔法天書，多虧今日的科學，我開始懂了。

因為，比她還老的我，在讀與寫的過程中，逐漸知悉，人類的小規模記憶近來正朝世界級的規模拓展，而那正是我的記憶。」

她作勢翻開這些神諭集，又接著說：

「這些混亂的喧嘩之中存在一套微妙的秩序，你該學起來。跟西卜女巫們一樣，你的體內不斷迴盪著這三種雜響，其實各自分明，但又連在一塊兒，糾結不清。而它們的順序是這樣的：首先出現並恆常持續的世界之聲；強烈卻較稀有的生靈之聲；最後，盲目，處處可聞，尋求意義的社會之聲。

無論有沒有意義，人類總試圖透過喧鬧嘈雜蓋過另外兩種聲響。這三種聲音連成一串，在這蓬勃旺盛的紊亂之中，守住初步的大規模和諧。」

奧菲斯茅塞頓開

奧菲斯驗證這套聲響的配置，首先，透過人體本身，透過人們的走路踏步，敲擊石頭，仇恨的怒氣和淚水，歷史難懂而突兀的不協調噪音……

……但是，在那以前，他虔誠地凝聽：聽胚胎經過縫補和撕裂的皮層組織如揉皺的紙張窸窸窣窣，聽孕育在子宮天堂中那早熟的心臟跳動，手腕上的脈搏，姿態之張力，血肉之喧騰，肌肉與神經的緊繃，生命烈火點燃的熱情爆發，性交中不停的晃抖，高潮時那聲最終的響鑼，生理時鐘深處的十座器官鐘樓所振盪出的共鳴，以及，最後，DNA 以螺旋槳的形態扭轉顫抖，有如一條振動的繩索。

小調，大調，雙簧管，風笛，形狀與種類的改變，飛快輪轉，轉進展開，演進並發展……於是他領悟了這件事：既然，就玫瑰的記憶而言，沒有哪一朵曾聽說某位園丁死去，就一個女人或男人的記憶而言，沒有任何人曾看見哪個性別消失殆盡，所以我們的軀體在安靜的死亡途中走得那麼快，以至於幾乎永遠聽不見生命轉變的節奏。他得知造成自己聾啞的另一個理由。

「原來活力生機是那麼一回事。」他說。

而世界則是這麼一回事。

原子說百家爭鳴，其樂聲中出現難得的和諧：生命發聲，宛如萬物大摸彩箱中的一則奇蹟；在生命得以賦形及數度變形之後——雖說是在生命之後，但其實是在生命之前——，他已開始凝聽低沉的雷鳴與地震的顫動，火山噴發的渦形蕈狀雲，河川通過橋拱時的漩渦，雲堆的亂流和颶風的攪動，螺旋狀的星系，扭轉的程度不下於掌管生物遺傳基因的那條短帶。

超越了橢圓軌道停滯不前的反覆間奏，他還聽見電波天文學散播四處的複調音樂，量子能階跳躍所發出的隨機雜音，時光的粒狀擴散，宇宙的充沛雜響，在大霹靂（big bang）和大崩塌（big crunch）之間，一道前所未聞的波膨脹擴張，驚人可畏，因為那是宇宙之波。他聽見雜亂無章中溢出萬物與思想之始，聽見它的空虛混沌劃出一條條交錯的信號。

大敘事

多虧了年邁的老巫婆，他回溯著這些波偶然激盪出的連續三次大潮，目眩神馳，發現自己剛以零碎但大致遵循這個順序的方式，展開一片未界定的範疇，以及宇宙大敘事鋪陳推進的節奏。這場敘事，混亂，偶然，呆滯遲鈍兮源於宇宙大霹靂，生氣盎然兮始於最初之分子；暫時性地，透過人類這場冒險極度尖細的第一弦，透過我們的歷史，已寫至終章的，最簡短的，幾乎即刻發生的歷史，它不斷地邁向完成。有意義？無意義？是真誠還是謊言？

總而言之，宇宙這套隨機偶發的浩蕩樂隊編制，開放給膜（brane）和超弦（supercode）的時空，生命振顫的器官與薄膜，這一切耐性而緩慢的演進，此時在他看來，宛如千百條河川，每一條潛在樂音的河水皆流入由我們的交響樂章及歌謠，我們的詩篇，我們的定論、宣言及演說所組成的浩瀚汪洋——這其中亦包括我的，我所堅持的，但現在，改以語言的形態發表了嗎？

最後，凝聽著這片遼闊範疇中人類的熱情及語言，恨意及戀愛之不幸，單調的政治及權力之謊言，知識與學問，他發現這初嶄頭角的語言，緊貼軀體，濃稠，黏滑，淋漓淌流，源源不絕，可能阻礙他去聽聞生物的吶喊和往昔世界的雜響。他心想：「意義隱埋發生在它之前的一切。這就是為什麼，孩提時，我遲遲不肯屈服。這就是為什麼，言語永遠不含音樂。」這就是為什麼，多嘴又博學的大人們經常聽不見世界與生命大河之怒放，不懂孩童，詩人，也不懂酒神女信徒，更別說聽懂聾啞之人了。

「我終於能讀西卜神諭了。」他說。

年邁的記憶老母再次發言：

「既明亮又黑暗，混亂無章又合情合理，這部宇宙及生命體的大敘事，遼闊的荊棘叢，滿是尖刺且糾纏不清，也就是那些女人剛才教你的，像我一樣，在不知不覺中理出的秩序：從大霹靂到微不足道的人類歷史。現在，各派科學的敘述方式不同於那些低賤的西卜女神，不再透過表情模仿與喧嚷，暗號與顫抖，而是跟我和我的女兒們一樣，使用語言：上百種科學與技術的語言，甚至在地的鄉土語言……以腦部神經，熱烈的情感起伏和理性求真來聽閱的語言。這些語言，我都保存在記憶中，與在尚未查閱大理石板及充滿謊言的卷軸摺頁之前，刻印在分子上，與可以從星球核心、從骨骼血肉中解讀的同屬一種。」

「但這部大敘事是否普遍仰賴這所有語言及用語，以及，隱藏在話語之下的，偏偏，我們不知其來源的，那種聲音？」

「在這些知識的語言背後，你聽見了什麼？我來告訴你吧：那聲音，剛好，正是西卜女巫們剛才教導你的，世界隨機發出的雜響，以及你還不知道的，這些響聲構成的總體音樂。如同維納斯，一切美麗之母，誕生於一波浪潮及浪花，突然從雜亂喧騰的大海中冒出，音樂亦然。音樂磨去荊棘的尖刺，融入信號暗語。」

大敘事汩汩淌流，演奏一首盛大的狂想曲。

語言繆思與音樂繆思

「你的軀體具有聽覺及音樂性，多虧這場啟發，的確，無論是日常用語或學術用語，你皆能擺脫對語言的依賴。語言的意義與發音使你大部分的同類對世界的雜響充耳不聞。多話，沒完沒了，獨斷，排他，自閉的語言，加上我，語言記憶的儲存者，我們聯手用完全不同的音響製造震耳欲聾。

西卜女巫，酒神女信徒，她們剛開啟了你對偶發雜響的聽覺，那是為人類發聲開路必備的條件。在教說話以前，計算以前，理性思考以前，總之，在教敘述以前，她們首先教你去聽風的沙沙聲波，潮汐幾近規律的嘩嘩作響，簡單地說，就是世界的背景雜音。

她們用喧嚷模仿這些刺耳雜響。」

「身體聽得見，對，然而它能懂嗎？有時，這些並列但沒有意義的聲音組合，空泛的共鳴，嘶吼喧鬧，隨即又墜入背景雜音被淹沒。

早在流向文字、句子或律法之前，這幾十億萬微小的粒子已可能出現分流，按照節奏，朝向語氣、音調，朝向一種原始的音樂，樂曲中接納世界和生命的雜響與信號，一如海洋百納河川，將這些淩亂且各自不同的喧嘩轉變得普世通用，成為所有話語的前置作業。噢！奧妙的心領神會！無意義或隱意義，軀體聽得懂這種音樂。早在你的頭腦將這音樂轉變為聲音、意義和語言之前，在思考、開口說和表達意思之前，你的身體已隨著這音樂顫動，取材世界所有的雜響，融入樂音之中。你的軀體綜合整理這些樂聲，體內深處的生命則將它譜成樂章。」

「但這些雜響是如何轉化成音樂的？誰負責譜曲？全靠我的九個女兒呀！為了將這樣一項珍貴、精細，有用又危險的工作盡善盡美，我不得不把她們分成好幾個小組。首先，每一位都要置入並譜寫上千種節奏和樂句，然後，分組鑽研科學和語言這兩項專長。第一組是音樂繆思，另一組則是語言繆思。」

在流浪途中，小奧菲斯已感受並模仿了西卜女巫喧鬧或酒神女信徒數不清的鼓譟，另一方面，記憶老母在他面前展開了被語言遮蔽了蓬勃生氣的大敘事。在西卜女巫的喧嚷與記憶老母教導他的言論之間，目眩神馳地，奧菲斯看見繆思女神們立在中央。

他恍然大悟：那幾十個狂吼狂叫的女人不斷地使千百條潺潺細流流向眾繆思女神，注入同一座蓄水池，音樂與世界即從池中綻放噴發。

記憶老母得意洋洋，接著又說：

「我的女兒們之所以喚作繆思，是因為她們同心協力催生出音樂。（譯按：音樂「musique」的字根源自希臘文的繆思女神「Muse」。）我的九個女兒受其號召，齊聚一堂，於是，人類的第一種藝術出現了：不透過音樂，根本沒有任何事物能達致美的境界。

所以，以音樂為目標，持續不斷，耗費精力，好比建築一道堤防，永遠瀕臨潰堤，但能抵擋一直增長的洪水氾濫，女兒們的壯舉容納了來自上游的湍流，磨鈍混沌的尖刺，緩衝星球間的碰撞，降低颶風的狂吼、龍捲風的呼號和海嘯的進擊，減少野蠻的戰爭，抑制惡勢力，締約調停，接納棄兒遺孤，安慰遭到拒絕的人們，療癒為愛受傷的心。面對萬物間，生命間及歷史悠久的社群之間那些永不寧息且不斷重生的惡戰及仇恨，哪種需求比這項成就更迫切？而這又是多麼無可懈怠的工作！

我的女兒們，一個一個地，輪流將這些雜響及其刺痛轉化成音樂。」

這是怎麼辦到的？

最初兩位肢體繆思

首先登場的是兩位運用軀體的繆思女神：專司啞劇的波莉米妮亞[6]以及舞蹈女神特希柯麗[7]。

波莉米妮亞這位繆思靜默，柔軟，有彈性，如貓科動物，溫馴，排行第一，沉迷於模仿，率先展開九姊妹之工程，一開始先從創造節奏著手。這節奏，只有在當下，當面，以分身的形象演出，其重複才能相連，其衝擊才能重啟，其鼓動才能持續……產生映像，然後複製。她的身體複製多種人物和各種生命，模仿，而且更進一步地，搖身變成世界萬物，追尋信息蹤跡，以求重現萬物。

空間中的模擬行為在時間中造就了同時性。前面的模擬動作引發後面的同時現象，但是，很快地，就產生落差。同時做出兩個動作，接著，同一個動作分為兩段做出。照做一次，模仿；照做一次，重複；一音步，然後兩音步。接著，為了揣摩更近似的表情，從頭再來一次。模仿，然後複製。所以，是誰反覆擊打鈴鼓，甚或更少見的，銅鈸？是誰翻滾響板，是誰搖動乾燥的木箱，與整套鼓組互相唱和？是她，溫馴地，照做，溫馴地，伴奏，溫馴地，模仿，溫馴地，再造，回應，並且，溫馴地，接續並反覆。做，重做，仿做；一步，兩步，三音步。特希柯麗尚未跳起舞蹈，波莉米妮亞已進入冗長的叨念。

什麼也沒說卻已道盡一切。

「沒有了節奏，什麼都不存在。」她得意洋洋地說。「螺旋星系，自轉或繞著其他星球旋轉的星子，心臟搏跳著的活體，押韻的詩句……一一誕生，按著節拍，宛如跳著華爾滋和波卡舞曲。」她為此哈哈大笑。

同樣受到節奏牽引，同樣身體柔軟如貓科動物，接下來這位繆思則進入舞蹈領域。她不再像姊姊一樣重複製造出什麼，而是去探索軀體，加以創造，造成人類的模樣。事實上，舞蹈使人將肢體投向姿態，動作，扭曲，緊繃，跳躍及各種幾乎不可能的，意想不到的，新穎的，無論走路，奔跑，打獵或任何生活機能都不需要的姿勢。藉著解放舞蹈，藉著將這俘虜從天生的囚牢釋放出來，特希柯麗創造了一種初綻的生命，其繽紛多彩更甚山雀的殷勤求愛，熊蜂的新婚飛行，或鯨魚在海底，以鯨歌點綴的，漂浪追逐。

是的，舞蹈積累出一門學問，功夫，肢體動作的寶典。此時此刻固然無用，但在遇上前所未聞或危險的事件時，隨時可派上用場。特希柯麗的軀體懂得如何去適應，因為她從舞蹈編排中學到的動作及姿態共有成千上百種，幾乎普世通用；也因為舞蹈賜予她一具新的人體，純白如所有人類舉止相加，純白如所有顏色之總和。明天或十年後，人生中將有那麼一個偶然的狀況，要她以當下的行動因應某種奇特的色彩，某次不期而遇，某個意外……而她將從自己正在動作的軀體這份純白寶藏中找到對應的答案。

舞蹈創造人類的軀體，因為舞蹈賜予人體配合能力。它允許身體朝所有方向伸展。而音樂所創造的則是言語，因為，就傳送意義而論，音樂也能朝所有方向發展。

前兩位繆思女神確實發創了世界的情緒與動作嗎？抑或將它們內化了？在創造節奏的同時，波莉米妮亞模仿並延續地球的大敘事；至於特希柯麗，她則更進一步，繼續訴說生靈之大敘事，其內容混亂無序且偶然不定，隨宇宙篇章自然產生。

但她們究竟如何跟隨這場敘事？

節奏，擊樂

「如果人類，生靈，宇宙發出雜響，她們就齊聲歌唱。它們有時發出信號，有時也以節奏分段……

……星系的螺旋渦，中子星的旋轉，星光光譜中顫動的色彩，行星之間和諧的關係，白晝與春天之回歸，鈣離子振盪，電子的自旋……百年一次的竹子開花，周期性的瘟疫，公蟬與母蟬珍貴的纏綿，鶴群與雁群的遷徙，月經，繁衍的速度，心跳，脈搏和神經，荷爾蒙分泌的節奏……如歌的聲調，聲音的脈衝，步伐長短，人群的波浪舞……長短，波動，波的波長和短波……自太初以來，我們就能聽見，除此之外，還有速度（Tempo）：輕顫，緊湊，快速，急煞，加速……

只要模仿出來就夠了，只要用舞蹈表現就夠了，我們說；只要我們的肢體靠著外在的擺盪，模仿內在的千百種雜響顫動，自然地形成節奏。於是我們重現各種惰性的與活性的節拍。若創造者未曾經歷將宇宙定律內化然後外顯的過程，他的任何創造都沒有價值。而首當其衝的，就是宇宙之脈動。

若說依照實際強度，雜響分為三大類；則上千種節奏，一點一滴地，將各種不規律從雜響棘手的偶然中整理歸類。因為，就算遭到破壞，節奏仍會連結；節拍造成切割，的確，但就在切分之同時，亦保障了流暢。兩位繆思皆聽見時間並重現了時間，將它切分成有節奏的單位：分秒，時日，世紀，千年紀，時間如江河川流，滲透過濾，開展鋪張。就像這樣，節奏磨平了雜響的尖刺。」

勝利！兩位女神混合各種斷續的，連續的，暫時的拍子和連結。即使失敗過幾千次，她們還是利用有節拍的訊號讓音樂從混沌中展露。樂聲噴湧，一拍，兩拍，三拍或四拍！

奧菲斯聽兩位繆思女神演奏，她們拿著各式鼓，圓杯，槌子；他看著她們竭力使用上百種打擊樂器，試圖以奏出的節拍韻律蓋過皮媞亞女祭司們的嘈雜喧嚷。

透過流暢的手勢和表情模仿及以肢體帶動的重疊舞動，她們沖淡了世界萬物及鮮活情感的刺耳雜響。

這麼一來，面對萬物的大敘事，她們的神態和姿態呈現出一幅風景，富含變化與可能的進展。因為，磨去尖刺這項前置作業，已經或幾乎已經解決；而在此以外，為首的這兩位繆思卻也保存了那豐沛的資源：來自太初的空虛混沌至今源源不絕，此外還有不斷發展的分流。這兩道泉源，隱祕，活潑，幾近童稚。

她們極富生命力之描述本已淵博高深，且仍不斷地從盛大的混亂中一再發掘幾百萬種獨特事物，皆散發一種燦爛的，奢華的，滿溢的美感，一種餘裕充盈且喜氣洋洋的飽滿。

她們從整座活力蓬勃的現實世界中取得喜悅。

最初兩位音樂繆思

歐特爾珮[8]說：「我吹長笛，吹奏時我能透過散布樂譜中的節拍、小節和規律來控制呼吸氣息。」

長笛的發明者是初期諸神之一的潘神，或說是其父親荷米斯。在此它象徵所有可能的樂器，黃銅製，青銅製，黃金打造，惰性金屬，或者，取自生物的木頭，硬皮，軟皮，腸管等，還有會振動的氣柱或琴弦，材質堅硬，聲響柔和。

娥拉托[9]說：「我指揮歌謠合唱，集結千百股不協調的叫嚷。在旋律或詠詩之中，人與人之間，族群與族群間的歧見仇恨逐漸平息，化解於少見的同度齊唱或複雜和弦的和聲中。」

這是決定性的進步：從吹笛到眾人合唱，從歐特爾珮到娥拉托，在有了節奏以後，亦即從樂聲初啼開始，音樂就從樂器過渡到人聲，從用弦線，氣柱，堅硬的物材發聲，轉以靈活的唇齒，舌頭，後來更以柔軟的話語來發聲。這重大的升格──或是降級，至少就密度來說是如此──，透過生命，從堅實到柔和之升格，闡明了「磨鈍平順」（lisser）這個動詞。法文中，「lisser」此字源自「lime」，挫刀，亦有軟硬之分，從我有記憶以來即一直被使用。第二組這兩位繆思姊妹，以各種形態，或獨唱或合唱，的確，將超出極限、滿是尖刺的嘈雜與背景噪音全面覆蓋，並磨得光滑平順。

音樂已能從弦線、管柱及齊聲歌唱的喉嚨湧出，卻還無法具有意義，也尚未達到話語之境。嘶吼或淒嚎，已具節奏性：叫喊，嗚咽，呼喚，怨嘆，哀求……如古希臘的器樂朗誦一般動人。

舞者的肢體積蓄了許多姿勢，形態，動作，張力和姿態……對正在進行的生活雖毫無幫助，但某一天，某個狀況下，卻讓他在遭遇某個不期然的事件時，無論是幸運的還是危險的事，都能運用肌肉或運用神經，隨時拿出應對方式。同樣的道理，活躍歌者的喉嚨與聲帶，樂師的樂器，亦聚集了一份無比豐富的音響收藏，有高音有低音，尖銳或低沉，短促或拉長，弱或強，躍動或穩健……對日常生活也沒有用處，因為它不具意義。但是，在某一天，某種可能狀況下，面對某種不期然的意義時，危險的或幸福的，不安或死亡，愛情或喜樂，皆將讓他們隨時具有必要條件，以言談做出應對。嚷叫將造就文字，信號將造就符號。原本無意義的音樂將產生意義。

面對崇高的瑪麗，龍沙[10]在他的十四行詩裡夾帶婉轉的夜鶯。

兩位肢體繆思——分別掌管啞劇和舞蹈，以及緊接著的兩位音樂繆思——分別掌管吹笛與合唱，事物，生命與人聲——就這樣，在她們的肢體和召喚中，儲藏了大批可能的回應，肉體的與聲響的，硬實的和柔軟的，始終並依然欠缺意義，用來應對的那些危險，性質可能剛硬可能柔軟，突如其然地源自某個偶然情境，或蘊含生機或恐怕致命。這些看似無用的行為與這看似無意義的收藏，將很快地揭示兩項起源，決定人類的進化：先有音樂，才有適當貼切的言語；先有舞蹈，才有後來一切的順應改編。

若不是這四位女性長期不斷地耕耘，若沒有她們透過軀體與聲響，在意義浮現之前即採集的，硬實的與柔軟的，肢體的與人聲的資料庫存，不，智人（Sapiens）恐怕不會出現，不，人類恐怕無法存活。由此可知這些動作與聲響的庫藏普世通用：無用而萬用，也就是說，比任何緊急辦法更有用。沒有啞劇，舞蹈，音樂——器樂或聲樂——就沒有文化。這四項平分秋色的寶藏，比白銀更亮白，比黃金更生機蓬勃。

進行這場耗費心力的磨光及漂白工作時，四位準備前置作業的繆思女神卻也保存了原始混沌的豐富寶藏，那隱祕的資源，不被看重，屬於全世界，幾近童稚。

活潑輕快地，她們的編譜從中汲取了百萬種風景變化，燦爛的，奢華的，豐沛的，滿溢出來的，呈現一種餘裕充盈且喜氣洋洋的飽滿。

她們從整座現實世界裡覓得喜悅。

記憶老母回想著這些開端，得意自傲，於是將兩道原始泉源的位置告訴了奧菲斯。

「既古老又隱祕，第一道泉源在世界的騷亂中微微作響；而難以聽聞的人類之源，則在肢體的姿勢和尚不具意義的音樂中沉睡。

我最後五個小女兒的工作就是把它們喚醒。」

世界繆思

尤蕾妮亞[11]譜寫，凝視，計算蒼穹風景之和聲。

「昔時，」她解釋，「星座把母熊，獅子，蠍子和羯羊，處女，獵人和人馬，王冠和湯鍋，麥穗與小樹枝……連結到一片充斥著偽跡，生靈，動物和花草與傳奇人物之無章混亂。今天，宇宙連結了千萬種更加不和諧的獨特事物，小行星，中子星，星系，星團，黑洞，星際雲，重力弧，伽瑪暴……一樣混亂無章。

沒有音樂的背景雜響？

以前，在伽利略、哥白尼，或者牛頓、柏拉圖和克卜勒等人的法則建立以前，漂流星球的軌道與世界體系曾經和諧，宛如音階與音符。今日，大敘事將混沌梳理順暢，並且，雖然是偶發性的，將宇宙的時間巨河統整為一。

樂聲跳脫於背景雜響之上？

不過，在這一切發生以前，我，尤蕾妮亞，我先歌唱，事先為這些混亂的分配，理論計算，方程式和比率（raison）譜寫音樂。我做好準備，梳理世界上的所有雜響，好讓人們聽見：在大敘事之下，藏有一首磅礴的狂想曲。少了它，誰有本事將這部敘事寫成語言，方程式，數字和比率？

但如何辦到？為此，我請先前的四位繆思姊姊協助：啞劇演員，編舞家，長笛手與歌者。為了模仿或跳舞，學習演奏或發出聲音，她們不是照著詳細的指示進行了嗎？那些指示以什麼樣子呈現？類似藥方，作法或規則。依樣重現肢體動作，在舞蹈方面如此，在音樂方面亦然：手指在長笛或齊特琴（Cithare）上該如何擺放，又該放在哪個位置？在這根氣柱的哪個部分或那些琴弦中的哪一根的哪一段？如何吹入空氣，提高音量……？這些幫助學習的指示，以及接下來的實際執行，很快地就形成幾套井然有序的步驟：若想得到這種曲調，就按上食指，這樣按，那樣按，按這裡，按那裡，還有那裡，依此類推。像這樣或那樣地張開嘴巴，變換嘴型和嘴唇的前後位置……於是，出現十種編碼，對應某個動作和某個音，不久後即對應某個音高……對，編碼，然後解碼……

雖無法擁有言談意義，但透過其浩瀚的聲響庫，音樂不僅為語言開路，為語言造就出千百種可能性，更提供線索，指出哪個動作可對應哪個音。人們遵從指示，迅速構思出編碼和數字……最後以長篇段落綿延接續，我稱之為演算法。這是我們現在的階段。

對，音樂為意義及語言開路，而它所使用的多重演算亦為所有數學方法開路，其分支與能量形成了屬於我，科學繆思，我所專有的語言——的確，與音樂一樣，缺少言談意義，但也跟音樂一樣普世通用，以最精準的和聲及最動人的美，跟人類和世界產生對應。數學解釋人與世界，因為，播撒種子的音樂負責表達。沒有科學，就沒有為語言先行準備的音樂。

雖然數學語言為世界提出解釋，但那些語言亦從這音樂而生。所以，音樂唱出了萬事萬物的總和。音樂源自事物之雜響，為人們後來訴說的，關於生靈及宇宙之隨機大敘事開闢蹊徑。

因此，我，尤蕾妮亞，精準的，嚴謹的，包羅萬象的宇宙知識之繆思，我自認有兩位母親：我的肉身之母是記憶老母；而我的成就之母則是音樂。因此，九姊妹中，我的排行在啞劇和舞蹈之後，這理所當然；但在我後面的兩位，我亦視她們為親母：不，沒有她們，我就不可能存在……排行在我之後的幾位皆與言語有關。

然而，正因如此，在我的科學成就中，我保存了來自原始混沌的非凡資源，來自那不被看重但屬於全世界，近乎童稚的隱祕源頭。世界的背景雜響永不間斷，音樂之外，身體亦不斷聽見這口收納著隨機振盪的深井，永不間斷地噴發一束束的組合，而被淘汰的嘈雜不和諧則紛紛回落井中。

我的研究、發現、淵博的理論皆不斷從中汲取幾百萬種特點，美如風景，燦爛，有力，奢華，滿溢，餘裕充盈，喜氣飽滿。

我從所有已知之中創造自己的喜悅。」

記憶老母回想這些源起開端，十分驕傲，於是把三道原始泉源的位置告訴了奧菲斯：「既古老又隱祕，第一道起源，如酒神女信徒般的，在世界的騷亂之中嘈雜；現在，已可聽聞的，人類之源在肢體之姿態與音樂之無意義中沉睡。而最後這道，具有數學特性，精確而嚴謹，細數，測量，計算，演證，隨時可投入實驗。

我最後四個小女兒致力於喚醒含意。」

四位繆思妹妹

最末幾位小繆思，人數較多，因為大敘事愈深入集體命運，她們的工作就愈持續不斷，也愈發困難。這四位合群的繆思，儘管懷有怒與恨，在怒氣與恨意之後，克服個人的憤怒與偏執仇恨；儘管面對挑戰和爭鬥，在遭遇之後，克服挑戰與爭鬥，試圖在人類與屠殺和血腥的殘暴關係中，在其他雜響所新生的尖刺之中，義無反顧，朝達成論述言語及意義努力。

梅爾波美妮[12]為悲劇落淚。悲劇演出之前及之中皆由合唱擔綱，她落淚是因為上演時總要殺掉一頭公羊當祭品。不如放聲笑吧！掌管喜劇的塔莉亞[13]說，然而荒謬也經常大開殺戒。更好的是史詩，最初由行吟詩人演唱，動不動充斥血腥與死亡——卡莉歐佩[14]

語。現代人偏好歷史英雄們的戰爭和謊言，他們彼此敵對，鮮有人性——克麗歐[15]表示。

記憶老母：「聽著，奧菲斯！一定要聽見音樂！過去，音樂曾經充滿這些劇場的空間，占據這些劇目與表演的時間。而今天，你偶有微詞，抱怨音樂侵占街道與廣場，公共媒體和私人個體的耳朵……但若沒有它，誰說得出話語？」

隨著音樂浮現，多虧繆思們的努力成果，奧菲斯藉著一段在皮媞亞及酒神女信徒狂亂喧騰之海的旅行，漫長而艱辛，從混沌嘈雜的地獄解脫。音樂的節奏與和諧將他從這些雜響中解放出來。

於是，在意義，表演及語言浮現之時，新的背景雜響也出現。至於這些雜響，它們來自人類的暴力與死亡。為何在話語興起以前，這新類型的騷亂已蓄勢待發？為何，打從這第二道起源之初即出現邪惡，錯誤，痛苦，殘殺，一如在第一道起源中的，雜響之空虛混沌？

每一位繆思，溫柔的繆思，不斷將自己與我們從酒神女信徒頑強的狂暴中解救出來，奧菲斯也一樣，他則不斷地脫離地獄。重新踏上旅程。

音樂啊，請解救我們脫離惡道！

波莉米妮亞，姿勢女神，她再度發言：「沒有烙痕如何辨認烈火，沒有痛點如何辨認針刺，沒有驚駭如何辨認雷鳴？感受指引生命，略略傾向喜樂，突兀但乾脆地，遠離痛苦。我的模仿皮相，我的神經以及軀體裝備了符合這種兩極特性的端點，而兩極中必有一極的吸引力強過另一極。為了做出完美的啞劇模仿，當然，我要極力接近世界，但不超過某種可忍受之特定痛苦的門檻。」

尤蕾妮亞宛若回聲附和：「以某種經驗來證實一項理論，我得到了保證，但什麼也沒學到。讓經驗摧毀它，我才能向前，才能學習。能奠定某種科學的唯有其「可否證性」[16]。另一方面，如果我們每一次的計畫行動都成功，就永遠無法明瞭任何事：天真是富裕之子；呆蠢是包裹著舒適綢緞長大的孩童；愚笨則是永遠有所得的那一個。失敗訓練出見習水手，麵包店小伙計，學徒，黃毛小子，我。奧菲斯該怎麼變成音樂家？透過雜響和走調的音！地獄，那是磨練再造，學徒一心走出。滑倒，摔跤，再次跌入，作曲家和創作者們，不斷從中解脫。人類亦如是……」

記憶老母試圖整理重點：「昔時，一項天才的理論，如同初步的總結，透過原罪之學說，將這一連串經驗相加：感性的，實感的，理論的，教育的……自起源以來，人類即安居在一座天堂伊甸園，而在那裡，正巧，一切順利，豐富而飽滿；這是當時的狀況。有了原始天堂之後，接下來該發生什麼？答案是，別無其他，僅重複原來的樣貌而已：如同天使，尚未墮落，單調、冗長又不具訊息；沒有人類，沒有事件，沒有歷史。原罪是首樁有趣的情況。在滔滔不絕的服從贅述中，透過同樣的不可預料性，簡直不可能發生的首次違抗，帶來了可觀的訊息。這就是為什麼這次違抗會發生在知識樹下；更甚的是，那是一棵分辨天堂之善與不應存在之惡的樹。如果夏娃沒有被誘惑，少了那顆蘋果的一點點重量，恐怕根本不會有智人存在，也不會有人的歷史，那個與天堂相反的，惡冗長過多而善珍貴稀有之歷史。

開端之惡種下我們成為凡人之根。若無惡之存在……則無是非，無倫理，無知識。此外，惡之源頭完全不需找尋：它就蟄伏在我們的源頭裡。起初，一座失靈的天堂……一個平行時區，逐漸偏移，帶來了第一項訊息……*Errare humanum est*，意思是：錯誤是人的本性，至少，是其本性之肇始。事實上，為了適應，它擁有萬用機能。最好的教育——為了所有活著的獨特人類，源頭重新啟動——在於接種疫苗避除這份惡。學習即是惡的順勢療法。」

世界之初，雜響遍布；音樂磨去刺耳的部分；人類之初，惡即出現；音樂帶我解脫：凡重啟之處，皆地獄的出口。

奧菲斯終於學會譜曲。

如此，四位繆思妹妹透過暴力，死亡，痛苦，斷愛與難愛之傷，將音樂轉換成語言。悲劇，史詩，戲劇與歷史，有時透過空想與謊言，不變的是透過表現，試圖就此遮掩，撫平我們社會中帶著恨意及殺意的背景雜響。若非藉由夢境頻繁卻不真實地脫離死亡；若非透過美，既珍貴又真實地從痛苦中解脫，我們如何能達到語言這一步，如何能說話，如何能創造歷史？好的文學並非憑好的感覺即可成就。為了用美來吸引存在著且呼吸著的一切，奧菲斯必須奮力掙扎才能再一次且一次又一次地不斷走出地獄，並持續譜曲。因為音樂永遠可能摔落，墜入喧鬧嘈雜，猛烈死亡，粉身碎骨，而從這當中迸出真愛。

然而，從此以後，最後這四位繆思女神保存了富饒的寶藏，來自最天南地北的文化及最激進的個體對立，其源頭隱祕，被輕賤，屬於全世界，幾近童稚。

她們的人間成就不斷從中汲取，獲得千萬種產物，獨特，個人風格，燦爛，奢華，洋溢，餘裕充盈，喜氣飽滿。

她們享受創作的喜悅。

尤蕾妮亞再度現身。

「在我四位小妹的慣常使用之下，語言，」她說，「能夠示意、述說及指定代表。言語之發明結合信號與其所指所示，也就是把一項事物硬實的部分，或一個生命體的血肉部分連結到一段話語之軟柔。這件事顯得頗為稀奇珍貴，足以令人從中觀察到許多訊息。

更厲害的是，和音樂一樣普世通行的數學語言，想必亦來自音樂；將數學之語的某些項目連結到世界上的某種事物或生物的某個密碼，而且，更進一步，將符號如此精準地對應事物，且事物本身亦對應其符號。這即是一種難能可貴，一種化身現象，一種和諧一致，如此之強大，幾近奇蹟。」

因此，將共通語言運用到世界與生命的各種獨特事物上，這件事，如此珍貴稀有，以致至今無人能解；透過某種充滿訊息的奇蹟，終結了奧菲斯的啟蒙之旅。

音樂家奧菲斯這才悟到：啟蒙之旅只不過是把他帶回母親的懷抱，因為，人們處處耳語：當初讓他得見天日的是不是波莉米妮亞，或許難以定論，但卡莉歐佩必然有份。更甚的是，我想可以這麼說：奧菲斯或音樂本身之誕生，歸功於所有繆思女神的共同子宮，因為音樂代表懷胎孕子這部九日經[17]。

音樂家奧菲斯的最終連禱文

在這幾位如同親母的女性的懷抱中，為了成為演說家，歌唱家，里拉琴詩人，作曲家和學者，奧菲斯這一生中，曾經從她們身上獲得一團阿莉安線[18]——又是一名女性。他從小就猜想到這團線的存在，最後終於跟著線，盲目前行；然後，清醒地，掌控那條線或長繩。線繩透過話語和語言，為他開啟一扇通往聲音的門，然後，透過聲音通往歌唱，透過歌唱通往劇場戲碼的表演，然後，透過表現出來的學術與歷史，通往音樂。所通往的音樂，位居中心，堅持原則且決定一切……

……而在樂聲之下，通往世界與生者的混亂雜響，無秩序且痛苦，其尖刺不斷刺穿他的胸膛，以求從中噴湧出最後一道隱祕的泉源，地獄之泉，滾燙，難以忍受，鮮活，充滿生命力，給人靈感，創意十足。

皮媞亞和酒神女信徒們曾教他先去聆聽雜響的普世性：無處不在，無時不在，可能性大如確定性，不帶任何信息。排行前面的幾位繆思擅長肢體模仿，教他用節奏來對抗。節奏亦具普遍性，不如雜響那般普世，但已帶有訊息。若沒有這樣的節奏，什麼也不會存在，一切將重新墜入雜響之列。起初，已存在的一切只能透過某種反覆的段落脫離這空虛混沌，比方說，短暫或漫長的一個星期中的每一天，每個黎明與黃昏。所有的一切透過節奏從雜響中浮現，這些存在比節奏和雜響這兩種信號更珍貴，因為已包含大量訊息。奧菲斯吸收領悟的愈多，就愈能走出混亂無序的地獄；愈趨近誕生，就愈往音樂的境界攀升。他在繆思們的教誨中逐漸進步，確實，學會將雜響配上節奏，藉此讓順耳的音響泉湧，終於譜出比音響更珍貴所以也承載更多訊息的音樂。

從音樂出發，然後，藉著最末幾位繆思女神的力量，他觸及意義與語言，而這兩項珍寶則因此飽藏信息。最後，他達到尤蕾妮亞的科學境界：淨除所有雜響，充滿意義與稀有價值，信息之豐富幾近奇蹟。

終於，奧菲斯掌握到發言之法，揚起朗誦般的語調：

「音樂處於中間地段：地峽、十字路口、伸入空曠大海的峽灣，介於零訊息與全訊息之間，一邊是充滿刺耳雜響的混亂，混沌無章，隱逝並融入旋律悠揚的水流之中；另一邊則是磨去尖刺的意義需求，因而平緩的意義，從中湧出。這一岸，海上暴風，颶風，颱風，呼號狂嘯；另一岸，聲音與話語，理性。有如介於無序與秩序間的河川或瀑布，音樂鑿開所需峽道，意義經由此處抵達。海關，收費站，好天使和壞天使，所有信使的住所，所有人都能通過的閘室，所有事情都能發生的地方。音樂：這座連結梅納德與尤蕾妮亞之間的跨海大橋，這門橫跨嚴謹學識與脫序喧鬧的藝術，更進一步地橫跨世界與人本兩種觀點。

音樂是交叉路口。

音樂有血有肉且有形有狀，軀體用它傳送一種類似靜啞的話語，數算著，卻不知計量。科學：這副頭腦知道自己在數算，並喊出數目名稱；音樂靠數目數算卻不知其名。周遭的雜響氾濫成災，若沒有音樂，我們恐怕無法計數那樣龐大的數不清。

隨著它的潮流，活動的軀體得以過渡到情緒洋溢的心靈；銅製或皮製樂器得以注入情感的表達，堅硬的事物化為柔軟的說詞，土與水轉為風與火，肉體的祕密編碼換成思考上的自由數字。

音樂化身體現。

音樂涵蓋全面：庫藏，藏庫，至要之寶，四海皆通的銀行，容納等同為語言之出現預備的聲響，等同任何意義出現以前的無意義，一如金或銀等同所有可以交易的物品，裝滿無用之物的箱匣與羊角，為日後的用途未雨綢繆，一如舞蹈在體內蓄藏無用的姿態和動作，為可能出現的用途防患未然。音樂是源頭。

音樂積聚集結。

音樂普世通行。別離開它，緊緊把握它，跟隨它的腳步，游入它的潮流，用它來觀看，來居住，來進入夢鄉。你將知悉一切，因為它知悉或囊括一切：一方面，知之而不知；另一方面，神祕不可言。軀體與話語，藝術與嚴謹……但你必須深入另一種普世現象，也就是地獄中莽撞危險的混沌，才能從源頭親見音樂萌發，看它流淌，催生它問世，譜寫它，遵循它泉湧的秩序，有節奏，如同存在世界之萬物及生命，皆出自這座充斥絕望吶喊的幽冥地府。

音樂噴湧至空曠的場域，用音波充滿空間，大聲呼喊各種普世共相：屬於世界的，幾乎已被賦予意義的，最後的普世共相；屬於人類的，尚未擁有意義的，最早的普世共相。

音樂不是一門知識，而是一口井，從中可汲取所有可能的創作發明。形同哲學。

音樂滔滔奔流於遼闊的空間，是否也呼喊時間中的普世共相？從雜響中接收到的偶發事物及以和弦與旋律形成的層流使音樂翻騰迴旋，這就是永恆之泉，噴發豐沛的節奏與節拍，各種速度及加速，反複的樂句與重彈的老調，主題與變奏，賦格和對位，沒有節奏的叫嚷與有秩序講文法和句型的聲音，延續與斷續，數量與理性……我不知道音樂是順隨時間還是產生時間……無論如何，倘若沒有音樂，我們怎能體驗、了解、計算時間長度？在那段時間裡，音樂似乎如影隨形，而時間又似乎如魔咒般地對音樂亦步亦趨。

音樂是超脫時間性的黑盒子，時間長度之發源。」

祈求進入尾聲。

音樂撫慰七種傷痛：若沒有讓他聲嘶力竭的絕望吶喊，沒有繆思九姊妹的辛苦壯舉，沒有這些女性流淚成湖，長大成人的奧菲斯絕不可能歌唱，談話，譜寫，認知——從這門藝術與知識有時亦誕生釋懷之感。

音樂，請解救我們脫離惡道。

如此一次次接受旅行的教育，奧菲斯成為歌謠與樂譜，話語與理智的專家。由酒神女信徒們所重現的雜響，來自世界、軀體與群體——喧鬧不休，刺耳，令人痛苦，他從這座雜響地獄解脫；而從繆思九姊妹那裡學到的音樂與知識，則助他掙脫一切醜惡，最後，終於使尖牙利齒的猛獸平靜下來，緩解人類的憤怒與斷愛，剪去了玫瑰的刺。

Da Capo（返始）：止於地獄

人們說，歐莉蒂絲[19]被養蜂人阿瑞斯泰俄斯[20]窮追不捨，狂奔逃跑以免遭他強暴，因而被一條滑溜路過的眼鏡蛇咬傷腳，奧菲斯的戀人就此死去。因為蛇咬，蜂刺，某惡毒刺耳的雜響……因為一朵帶刺的玫瑰？

英勇地，絕望地，音樂家下地獄，只為將她帶回；他深入同一座源頭地獄，已知如何從中脫身，畢竟他以前曾經探索那錯綜複雜的迷宮，而且，從向酒神女信徒學習以來，他便擁有了音樂之河這條阿莉安線。

多麼地不幸！才剛從嘈雜地獄探出頭，他便疏忽了天神禁令，轉頭回望愛妻的幽暗身影：她瞬間魂飛魄散如核爆。

後來，梅納德們親手將這位作曲家的屍體撕成碎片，如此一來，千百個他回歸雜響，分散零落，與歐莉蒂絲如出一轍。

音樂這項人類傑作，處境危險，脆弱易碎，可能永遠重新墜入那團亂七八糟的混沌之中。

於是，一切重新歸零，回到三種背景雜響深處，那是皮媞亞，西卜女巫和酒神女信徒們陶醉忘我的齊聲狂喊，她們原地未動，一直待在地獄最底層。

您，我，任何一名像奧菲斯一樣的旅人，我們將重新啟航；而一切皆將由此再度展開，重生，再次噴湧，再次經歷，重新創造，譜寫，滿溢，歌唱，思考，數算，流淚，喜悅。

1 Pythie，古希臘的阿波羅神女祭司，服務於帕納索斯山上的德爾菲神廟，以傳達阿波羅神諭聞名，被認為能預見未來。**（本書之註解，皆為譯註）**

2 Selles，居住在多多納的一支民族，後來泛指從橡樹葉的沙沙聲來解讀宙斯神諭的祭司。

3 Sibylle，在古希臘悲劇中，「西卜」是一個人物，最初可能是一個女先知的名字。她被描繪成一位年邁的婦人，在迷醉狀態中滔滔不絕地講述令人著迷的預言，被視為神與人之間的媒介。

4 Ménade，祀奉酒神的女祭司們，瘋狂暴躁不講理。

5 普朗克時間是光波在真空中傳播一個普朗克長度的距離所需的時間。其數值大約為 5×10^{-44} 秒。就理論而言，它是最小的可測時間間隔，可說是一種極限。

6 Polymnia，繆思女神，掌管啞劇及聖詩頌歌。

7 Terpsichore，掌管舞蹈的繆思。

8 Euterpe，司掌抒情詩的繆思，名字意為「令人快樂」。在希臘神話中，歐特爾珮是宙斯與記憶老母之女，形象是手持長笛或雙管長笛的少女。

9 Erato，字面意思為「可愛的人」或「情人」，司掌愛情詩的繆思，在文藝復興時期的藝術作品中，經常被描繪成一名手持七弦琴的妙齡女郎。

10 皮耶．德．龍沙（Pierre de Ronsard, 1524-1585），十六世紀法國宮廷詩人，七星詩社創始人之一，擅長各種詩體，特以情詩著稱。作品有《頌歌》、《愛情》、《悼瑪麗》等。

11 Uranie，希臘語字面意為「天空的」，這位繆思司掌天文學、占星術與科學。常見形象是左手持天球儀，右手拿指揮棒，足踏海龜，望向天空。

12 Melpomène，悲劇繆思，意為「歌唱者」或「聲音甜美的」。形象是一名高大婦女，穿著劇裝斗篷和高筒靴，一手持短劍或棍棒，另一手持悲劇面具，頭上通常戴著由象徵哀悼的柏木枝編成的花冠。

13 Thalie，喜劇繆思，意為「開花」或「繁榮」。形象通常是一位頭戴常春藤花冠的美麗少女，左手持喜劇面具，右手持牧杖或鈴鼓。

14 Calliope，意為「聲音悅耳的」，掌管英雄史詩的繆思，象徵物是尖筆和蠟板。

15 Clio，意為「慶祝」，司掌歷史的繆思，通常手持一卷羊皮紙或書寫紙。

16 Falsification，由科學哲學家波帕（Karl Raimund Popper, 1902-1994）所提出，認為一項理論若要具備科學性，就必須有可能被經驗或觀察所推翻。

17 Neuvaine，一連舉行九日的宗教活動，如祈禱、聽道、遊行等。連續舉行九日，或每週、每月於特定日期連續舉行九次。

18 阿莉安（Ariane）是克里特王米諾斯的女兒，利用一個線團幫助提修斯走出囚禁公牛怪物的迷宮。「阿莉安線」此後便用以形容「解決難題的線索」。

19 Eurydice，奧菲斯之妻。奧菲斯為救亡妻不惜親身下地獄，最後因忍不住回頭而功虧一簣。

20 Aristée，古希臘神祇，阿波羅之子。其事蹟廣見於雅典作家之著述，以擅長養蜂、教導人類養蜂而聞名。奧菲斯的妻子歐莉蒂絲在婚禮上為了擺脫阿瑞斯泰俄斯的追求，被蛇咬死。

VOIX
聲音

科學
SCIENCES

繼而坦承何種音樂是我此生所夢，
並將我拋上本書的論述之岸。

Avouer ensuite quelle Musique ma vie rêva
et me jeta sur les rives discursives de ce livre.

我的童年

童年的我，自然而然地，經常隨意唱起歌。我試著用這種方式掩蓋戰爭的咆哮與嘈雜。文字或想法如旋律流瀉，湧入我的腦海。可惜，我當時的生活環境不適合音樂。我懶惰又笨拙，很快就丟下了鋼琴，而書寫成為我心目中一種代替譜曲的薄弱方式。

風格如某份失傳的樂譜奏響頁面。在文字之下，請凝聽字的音樂：更豐腴，感人，真實，比起句子敏銳的意義，更激盪，更寬廣；音樂呼喚文句，支撐其詞彙，營造便於眾多小尖刺探出頭的情境，溢出句子歡慶豐收的羊角，如貝殼一般，遼闊的開口發出一種海潮的騷音。文字：零星散布在這一大片洶湧起伏的音響汪洋上的珍奇島嶼。

繼而坦承何種音樂是我此生所夢，並將我拋上本書的論述之岸。

接著，產出各種概念人物的哲學，成為我眼中另一項譜寫樂曲的替代品。抽象之範疇亦形態繁多，甚至無限開展；輪到它上場來設定條件，支撐單義性的世界以及意義所指的事物，也就是其他的島嶼。

這樣制式的單義世界與音樂，透過各自的七彩光譜，使發言具有多重聲音，聽起來更豐富更廣闊，比具島嶼特質且單調的話語更美。我一面探索，一面寫書——誰敢誇口自己能掌握這兩種藝術？——書本中，語言的單一意義可說是一種障礙，阻止我暢談我想表達的事。我永遠只是一個不成材的音樂家。

然而，儘管盲目，我仍嘗試追隨奧菲斯的旅行足跡。且聽我道來。

我的第一站：義大利

我第一次去羅馬，幾乎是距今半個世紀前的事了。有一天，我人在一家午茶沙龍裡。各個年齡層的女子——皮媞亞、酒神女信徒、阿莉安們？——在那兒品嘗一些甜品，一面尖叫，雀躍地，群起嘩然，令人頭暈腦脹。在與她們有一段距離的地方，我正跟一位朋友，低聲（*sotto voce*）用法語交談，她們的義大利語傳進我的耳裡，由於有點遠，傳來的音響的成分多於語意。於是，我聽見了史卡拉第[1]：這些女聲聽起來就跟這位多明尼哥先生的奏鳴曲一樣枯燥。

依我看，這位音樂家作的曲子不能算多，因為，他簡化旋律，有時甚至取消旋律，只為合乎形式：重複的音符，琶音，音階，顫音，三連音，一氣呵成的段落（trait），裝飾音，倚音（appogiature）⋯⋯他讓樂譜的用途淪為文法規則了嗎？歌謠愈少，意義愈少，純粹的結構愈明顯。在羅馬那家我沒聽清楚多少義大利語的咖啡館，我彷彿聽見了，字義背後的，這種語言的架構：它響亮的骨幹，它鮮紅的音樂，它猩紅的句法。

是的，在義大利語背後，我經常聽見兩位史卡拉第，以及他們的撥奏曲（pizzicati）；然後是喜愛嘲諷的羅西尼，以及氣勢宏偉的韋瓦第。在德語背後，我凝聽華格納和馬勒沒完沒了的樂句，懸著一顆心等待動詞出現。在法語背後的是，庫普蘭[2]與拉威爾，與一群侯爵夫人，交談聊天⋯⋯蕭邦的母親是波蘭人，父系那邊的語言似乎說得不太好；儘管如此，我仍夢想自己能把這個語言表達得像他的夜曲和敘事曲那樣優美細緻。經常，但並不盡然，作曲家們傳播的是自身語言的基本音樂。

饒舌歌手的作法卻相反，類似昔日的吟遊詩人。他們跟我們作家一樣，用音樂的方式分句，一句一句地噴發。

通常，開口講話時，我們讓一組盲目使用詞彙與句法的框架來承載我們想表達的意思。由於專注在訊息內容上，多半是平庸的內容，我們常把語言工具拋在腦後。我們彼此交流，僅此而已。另一項技巧，屬於藝術性的，則是讓意義從純粹的形式中浮現。請把文法書和字典當成一本書，單獨閱讀：整體上，別無意圖，它們在說什麼？或者應該問，透過子音和母音，單字之間的連結與陳述，它們到底振盪出什麼？您要不是不知不覺地，透過語言，張口講話；就是，任由語言去說，發聲，唱出語言本身。

平庸的使用者選擇第一種，那是輕鬆的辦法：他漫談閒聊。琢磨風格或聲音的人，則投效第二種，如建築師或泥工匠一般，應用基本上帶有意義的兩項寶藏來工作：詞彙和句法。一名作家，在他的藏書中，別的書都不需要，只有這兩本必備：《正確語法》（*Le Bon Usage*）和字典。而這就是我的著作不放書目的原因之一。意義源自形式，後者遵循這兩本書或這兩部參考工具的網路版，所以前者才如此深刻。

當然，這種特性透過音樂聽得更明顯；想說的話那麼沉重地壓榨用語，以至於最好的作家也成了自身才藝的受害者。所有人或幾乎所有的人，體解紙頁中的意義，卻不讀其語言也未聞其韻律。對於藝術部分的用心，讀者又盲又聾，鮮少傾聽文字及其組合；而聽眾，偶爾，卻能較清晰地聽見母音與節奏。在格式並將我拋上本書的論述之岸。
繼而坦承何種音樂是我此生所夢，

化訊息風暴的肆虐入侵下，辯才，慘遭埋沒，噤聲不語。

因為我們重複訴說相同的事情，無邊無際，卻不曾懷疑其實自己甚少發創新鮮事物。媒體與談話無邊無際地重提階級高低與難逃一死的情境，這些狀況從史前時代以前即緊密膠合我們的人際關係。一如猿猴，我們也透過加了聲音的肢體動作來溝通。一如掛在繩線上的衣物，歷史沿著單調的弦線，懸吊亡者與得逞兇手的個別姓名，展示榮耀與權勢。意義幾乎不重要，至少，在僅顯示或交流已知事物的日常如此，在熱衷誰活誰死的群眾之間如此。單調的演出和重複的廣告。我們太天真，僅止於理解這層意義：格式化的，再三重申，模仿，被抨擊，經鍛鍊，如一段連禱文那樣反覆絮叨，了無生氣，僅比動物禽獸多一點新意，好比從蟻窩發出的背景雜響或鯨類之間互相交織、充斥整座汪洋的呼喚。招搖醒目之物阻塞風景，同樣地，這種意義雜響，意義成分淡薄，亦使語言麻痺。

而一切皆在檯面下底定。讓書寫從結構出發。讓風格寓於明顯的含意之下，並且表達，好幾個世紀以來，在沒有任何講者、沒有任何作家能全面掌握的這座詞彙與句法的龐大架構中，支柱與橫樑與拱扶垛如何振盪。用音階和琶音，史卡拉第說了什麼？義大利語法的聲學。您想學這種語言？請聽他的奏鳴曲。庫普蘭、拉莫[3]、白遼士、比才、拉威爾、杜巴克[4]、蕭頌[5]、尚 · 弗朗榭[6]……他們之中，哪一位作曲家可奏出我獨特的語言？事實上，以上每一位，皆用法國的句法和母音振響。因此，最好的作家應讓人聽見他所用語言的最完整架構；盡可能貼近地歌詠文學構思與文字的音響，他的篇章應令人聯想到音樂的相關性。

僅有旋律的葛利果素歌（le plain-chant）是否試圖訴說純粹的意義？頌揚，讚美，皆只為一種意義？這麼說來，相反地，它彷彿保存了法國巴洛克音樂中豐富的裝飾倚音和一氣呵成的段落，那正是歷史學家們賦予它的泉源。爵士樂提供了更精確的句法式作曲範例。它是否用這種方式說出了黑人的氣質？

我的第二站：拉丁國度

我零散地進行了幾次漫遊，延續這場旅行。每一次都傾聽各種語言及其低迴的樂音。以下敘述另外幾段旅程。

英語不斷發想新字、名詞或相關動詞。相反地，法語厭惡創新詞，因為法文字的語意有扮演子句的作用。英文中豐富的詞庫與法文頗為貧乏的語彙正好相反；或者說，與它近似拉丁文特性的精省結構相反。英式風格有如撥奏法，尖銳單音節的字詞小島快速奔跳；而我們的語言則較沉穩，一個句子一個句子地行進，如群島中的一座島，每個說法皆在文字的語意範疇裡展開一個子群。於是，藉由各種相異、或長或短的要素之間的平衡，以及組合這些要素的方式，意義充分顯現。德語選擇中央，以黏著字將陳述命題緊黏在一起，而在斯堪地那維亞的語言中，這些字串可能還更長。透過比單字更基本的部首變換，論及解體的元件要素與構成的排列組合，中文則堪稱極致。

當這些基本組合來自粒子，原子，大分子或晶體時，我們說的是同樣的事情嗎？聽見的是同樣的聲音嗎？我們的樂譜用彎鉤，黑色，白色或圓形的音符記錄，而我們會依樣歌唱，演奏出抑揚頓挫嗎？

一次漫無目的的拉丁國度之旅，零星幾站停留：義大利，離亞德里亞海不遠的烏爾比諾（Urbino）；墨西哥市；哥斯大黎加，聖荷西（San José）；烏拉圭，蒙特維多（Montevideo）；秘魯，利馬；巴西的聖保羅和美景市（Belo Horizonte）……在那些地方，我實際體驗了中介語，interlangue，就像人們用interphone（對講機）來稱「中介聽說兩端的機器」。操義大利、西班牙或葡語的聽眾應能掌握一段以法語發表的講話，若演說者深入一片在我聽來較像喧騰著奧克語[7]的音海，而這些拉丁語言之島浸淫其中，在汪洋上喘息起伏，吹奏出一種共同的音樂：即速度，節奏，旋律……這音樂透過相同的振響，潛進一個意義共同體。蒙田，塞凡提斯，但丁……紛紛從協奏曲中浮現，透過昆體良[8]，游向西塞羅[9]。

綜合生成之站。當北美的大學裡還設有羅馬語言學系，我們這些葡萄牙人，西班牙人，中南美洲人，義大利人，羅馬尼亞人，海地人，瓦隆人，瑞士人，魁北克人，法國人……在學院俱樂部裡（Faculty Club），每個人都講自己的語言，甚至講自己的方言：羅曼什語，奧克語或加泰隆語，只為了享受和大家一起聽聽熟悉的音樂。我們不需太費力氣就能彼此了解，如同在聖靈降臨日的早晨[10]；除了，時不時地，我們之中必須有一人往這座大融爐裡扔幾個塔西陀[11]或昆圖斯 · 庫爾提烏斯[12]的用語。偶爾，午餐中，一隻蝴蝶飛起，從甜點飛向天花板。色彩斑斕，珍貴，絕無僅有的 papillon（法語），mariposa（西班牙語），farfalla（義大利語），borboleta（葡萄牙語），fluture（羅馬尼亞語）……而在其他桌間則穿梭繞行著 butterfly（英語）和 Schmetterling（德語）。所有人皆驚喜地發現一場非諧和不協調，沒有藺的束縛，像逃脫了巴別塔的過客。

一種微妙的音樂召喚我們。為了聽它，我們齊聚一堂；或者，反過來說，傾聽音樂這個行為具有聚集我們的力量？音樂擁有召集人群的神祕力量，可為各群體代言。在羅馬的咖啡館裡，當我說話時，的確，聽見了義大利的共同之聲；一種更低迴，更遼闊的音樂，在這裡，集結了一個較分歧不一，但仍算熟稔的共同體：羅馬社群。

哪種等級的音樂，還要更低迴更遼闊，能集合更分歧的社群？與巴比倫之毀滅相反地，聖靈降臨那天吹起了一陣風，讓每個聽眾耳中聽見自己的語言。在這場奇蹟中，他們凝聽了什麼？是不是音樂？如今，從伍茲塔克音樂節[13]到維基百科，當下當場或以虛擬模式，不斷聚集愈來愈多來自各種背景的聽眾，但在當初卻前所未聞的音樂？

我的第三站：萬物生靈

　　但在聽見這幾百萬種人聲，以及，在聽見事物數不盡的聲音以前：海洋，火山和風，我所傾聽的，主要是地球上和海洋中的生靈，我們的手足。

　　知更鳥擁有非常多樣的音色種類：超過上千種不同的歌聲。在蘆葦鶯和鄰近的鳥族之間，可聽到有組織的重唱，而即使在不同禽類之間，也存在這樣的多重鳴唱。某些種類的雄鳥每個季節變換求偶的歌聲。有能力使出這麼多新招的花花公子，我認識的可少之又少。夜晚，黑猩猩成群合唱，發出貓頭鷹般的嗚嗚聲，此起彼落。音樂，在人類的世界中跟數量一樣是通則，而且更延伸到靈長目和禽鳥類的世界。

　　有了音樂，我們就能像鳥兒一樣高飛？就能在樹木的三度空間雀躍？透過音樂，我們就能發現並建構地點和空間和時間？澳洲的土著，憑著一門精妙的藝術和精確的知識，仍然使用這種方式：他們的舞蹈和歌謠描述著一座幾百萬年來未曾改變的沙漠。

若說我們之中鮮少有人書寫，或最近才開始書寫，卻想必都已經說了幾千年的話。但是，在說出這些話之前，音樂，歲經幾百萬年，可追溯至極為龐大的古風體。或許我們當初從樹上爬下，就像遠親猿猴那樣，但是，就在我們蹦跳著的那些樹枝間，還有長著翅膀的種類飛舞；而更早以前在此的，則是爬蟲類。我們怨嘆的音調高低起伏，或來自渴望或來自哀悼，直到今日，仍能抵達深層的神經元，透過我們的爬蟲類大腦，與燕雀，山雀和蜂鳥共享。在牠們的世界裡，音樂是否有助於坦承吐實？是否能穿透到牠們私密的靈魂，那由我們發想並命名的靈魂？

我們最早的溝通應始於單調的古老哀歌，轉折與起伏的曲調，以及那些模仿姿態與情境，渦旋般的舞蹈和人聲吟唱。透過這些合奏，各類社群得以共存並立，盤踞遼闊的周遭環境；依照這些記譜去行動，預見，回憶，不離開團體，有譜就能生存。採用咬字清晰的語言乃出於偶然，並非必然，總之是非常近期的事；在此之前，這些早期音樂，或許，持續了有幾百萬年之久。

我這場關於起源的遐想，天真地將我們的時間做了對稱的分配，想像音樂在空間中，時間中和每個人各自的耳朵中，如洪水氾濫般大量繁衍，填補意義之匱乏。音樂再次成為我們共有的吱喳鳥鳴。

三種鳥

駐足翁布里亞區[14]。與許多村野農人一樣，聖方濟與鳥兒合唱，與古比奧[15]的狼說話。亞西西[16]的吟遊詩人，我唯一景仰的大師，曾努力解救萬事萬物脫離宗教傳統加諸於它們的奴性；我亦步其後塵，但做得沒有他好，我的學術及哲學傳統仍把持掌控著它們。

神聖的方濟，生命的樂師。

駐足羅亞爾河畔。龍沙亦推翻這種奴性。他在詩作《愛情》中引入一隻夜鶯，在柳枝間為牠兩情相悅的心上人啾啾啼囀；詩人則遭到戀人回絕，他的憂傷來自於，同樣為了打動芳心，他卻僅使用了富含深義的字詞，「儘管鳥啼與文字兩者的音樂相似」。

屬鳥而不捕鳥的詩人作曲家。

駐足耶路撒冷。聖靈是否化身白鴿，降臨使徒身

並將我拋上本書的論述之岸。繼而坦承何種音樂是我此生所夢，

上，以便讓聚集在廣場上的，形形色色的民眾，皆能懂得和平的歌謠？這股陣陣颳起的狂風，這呼呼作響的熊熊烈火，這一波波的振盪，在存活、長居於所有語言之下的，宛如鴿子咕嚕低喚的音樂靈感中，我們不也聽見了？

某些枝枒上，我聽見聖靈降臨之鳥仍在歌唱。

鳥類千百萬

驚奇的南半球之旅。後來被地理學者們命名為大洋洲之破碎陸塊，緩緩地，從盤古大陸漂向赤道。這段期間中，在思想卑劣的人們所謂的生存奮鬥中，這裡那裡，處處有些物種贏得勝利。爬蟲類是新喀里多尼亞的大宗，澳洲是有袋類動物，紐西蘭則是鳥類。在南半球這裡，沒有哺乳類。從巨大的摩亞鳥到最小的蜂鳥之間，尚有白鷺，鴯鳥，海燕，鰹鳥。千萬種羽類，顏色多彩，斑斕而細緻，在此繁衍，變換音調，恆久不衰，開啟一場堪稱最神奇的演奏會；地球上，任何事物皆從未聽過如此和諧又不一的繽紛組曲，這是音樂真正的名字。

多種聲部地，令人迷醉地，在這難以數計的交響演出所產生的聲波振顫之下，幾百萬年過去了。惡運

作祟，在不算太遙遠的某一天，水手們登陸這串荒無人煙的群島，並開始，一種一種地，滅絕這些禽鳥。牠們吃起來與聽起來一樣美妙，天真無邪的腳爪佇立在牠們的肩頭和手上，就這樣被那些遭刵刑的粗人殺害。氣勢恢宏的和諧迅速凋零。一如海頓那首著名的樂曲，低音管、英國管、中提琴、大提琴、雙簧管……一個個輪流退場，直到只剩兩把小提琴獨奏。引發騷亂的交響曲《告別》。人類逐漸喪失聽力的縮小規模版。從這座幾百萬種千變萬化的聲音伊甸園，我們將永遠再也聽不出五花八門的組曲獨奏，那正是音樂的另一個名字。

以其低調，深情的方式，用反敘法來說，如我一般；法語讚頌類似的協奏表演，在代表這些歌者的oiseau（鳥）這個字裡，安插了這個語言所有的聲韻或母音，全部圍繞著唯一的一個，柔和的子音。這個特點在奧克語裡聽得更清楚，那方言裡的發音，隨處可聞，特別喜歡彰顯雙元音，有時甚至是三元音。

動物的《告別》交響曲

森林之旅，深潛海底之旅。動物的叫聲，根據種類和個體之別，與不同文化和個人的人類的語言一樣，變化萬千；而在這所有叫聲背後，到底窩藏著什麼樣的音樂？哪位普世公認的梅湘[17]能在一份總譜中，融入貓頭鷹的嗚嗚，公羊和駱駝的嘶鳴，大象和犀牛的咆哮，鸛聲嘎嘎，狗吠汪汪，鹿鳴嗷嗷或呦呦，鳥兒嘰嘰喳喳，兔子唧唧叫，鴿子呼嚕嚕，牛隻哞哞哞，獅吼，虎嘯，尖銳的蟲鳴蟬噪……再加上尖聲扯嗓的鶴和啾啾啼唱的雲雀……更遑論，在水底下或單細胞生物的領域，我們所聽不見的千百種呼喚？哪位林奈[18]能替這些特殊的聲響分門別類？哪位語言學家知道該如何歸納它們的語系？哪種超級電腦能從其中發掘一絲所有動物共同的鄉愁？抵達哪座伊甸園，搭上哪艘方舟，才能聽見這場熱鬧多樣的盛會，音樂的另一個名字？

請再聽一首《屠殺安魂曲》。我們天天毀滅許多種類，永遠地關掉了牠們的聲音，並且，比以往在南方群島的水手更殘酷地，譜寫了一首現代的《告別》交響曲。這正是人類耳朵漸聾的真實狀況。我們是這場巴比倫式毀滅的罪魁禍首，對於這樣的聖靈降臨充耳不聞，若總是禁止動物遠親發出聲音，又如何能宣稱全心傾聽我們的手足發言？

有人計算過：我們所產生的殘骸，瓦礫和垃圾，論重量和體積，如今已超過海洋和潮汐，河川，火山與風所帶來的沉澱物，熔岩彈，沙，河泥和卵石總量。我們製造物質世界，汙染不潔世界。糞便之流的噪音高頻密集，來自機械的排放和城市充斥背景音樂和爆裂聲之混沌嘈雜，如此之龐大，使我們對於生靈活物及那些獨特的，轉了調的，恐怖的，無比美妙的事物本身，逐漸失去了聽覺。人類再也聽不見這個世界。

這麼說來，人類聽得見自己嗎？

昔時在紐西蘭前所未聞、此起彼落的啾啾組曲，傳達出這幾十億歌者的共生共存，牠們之間的糾葛，恨，愛，及其他。在原始森林裡，吼叫與尖啼，對我們的感受而言嘈雜喧鬧，卻也同樣地訴說草木與禽獸的交互關係，愛，恨，及其他牽繫：一齣它們遠距交流的完整戲碼。

在我們的潛水夫因聽不見而名之為寂靜世界的那片領域中，交織著聲聲呼喚，那是虎鯨，鯨族，以及其他密密麻麻的魚群之私語，對一千零一趟探測這群悠游生物的深水溫度儀傾訴。這難以定義的歌唱集錦串連所有種類，亦是音樂的另一個名字。

人類自鳴得意的言語意義經常指涉現象，而且僅指涉現象，漏失了部分靠音樂撐起的這類關連。意義創出的當下即是又一次的斷鏈，而在那一刻，我們雖贏得了精確性，想必卻也失去了契合度。

音樂持續不斷地修復重建……

旅人的生命及活著的身體

……在生命中，運用自己的身體，流浪於各站之間的旅人，傾聽自己，回歸自己：整體來說，回歸到生命；單獨來說，回歸到自身的軀體——這是兩項普世通則。沒有軀體和生命，就沒有繁複的節奏；沒有節奏，就沒有音樂。

心跳，脈搏，呼吸，睡眠，消化，溫度，月經，配合季節，童年，青春期，衰老期，再加上這一輪輪巡迴之總和……走路的腳步，百十公尺跨欄的邁腿……行事曆，輪班工作，時間排程……更遑論生理時鐘在我們的內臟，細胞，分子，甚至基因中發現的，那些隱隱的跳動，幾乎所有的一切皆搖擺振盪……不僅體內的生活不停編織節奏，而且，如果沒有這張連結各種振動的織布，生命將無法浮現，也無法維持，因為最後，搭配加快或減緩的速度，解開這互相緊緊纏繞的規律節拍的，是垂死臨終。更甚的是，一般而言，生命，可定義成一個由種種平衡偏差（l'écart à l'équilibre）組成的整體，好比一顆快速旋轉的陀螺或陀螺儀，只有靠著這些節奏緊湊而脆弱的組合，才能立起。旋轉接近尾聲，這把圓規或小陀螺搖搖晃晃，頹然倒下。死去。

搖晃運動達到飽和的地步……節拍，重新演奏並反覆的速度指示；弦線，氣息，管風琴的風管，各種風洞……各自振響或拍動；賦格，對位，反覆，返始，疊句（refrain）和舞曲的反覆前奏，搖籃曲和船歌，千百種作曲的技巧，不斷重新回歸自身本質……音樂也讓人聽見整組間距透過節奏間的互相纏繞保持平衡……最後跌入寂靜的陀螺，一如生命，在垂死邊緣，喪失了規律的呼吸。

彼此類似，如在同相之位，這兩種擺盪整體，成形，解散。誕生於世：進入音樂。生命自然組成。孩提時，自然而然地，我常隨興哼唱歌兒。音樂與生命，兩名交纏相擁的舞者，難捨難分，踩著心跳的節拍，攜手跳起華爾滋。身體因而輕振，宛如樹葉；而動物則為此顫抖呼號。雙人舞。

誕生於世：進入音樂。當精子與卵子結合，這場相遇勾動一場鈣離子振盪，發射出波，振盪的節奏決定細胞的分裂。振盪（oscillation），密接（osculation）：請聽白馬王子給睡美人的那一吻。他們醒來，歌唱，攜手跳起華爾滋，雙人舞，旋轉陀螺。少了這段小小的鈣離子振盪音樂，就沒有我們的存在。就連生化理論也說：在生命起源之時，音樂已振動鳴響。

所有感官的啟蒙，在軀體這一站，我很快就發現：沒有音樂，就沒有活生生的存在……

我的第四站：世界

……而且，沒有它，就沒有世界，人類，也沒有物質，沒有外在也沒有內在。

自從有那麼一兩位地科哲學家說了時間如河一去不返這樣的蠢話之後，後繼者們又不斷地重複這個說法，冒昧不察。不，所有的流動最終皆將成為漩渦。在水的循環中，我又找到我的小陀螺。江河並非只是一道層流，它累加一連串的漩渦，就像在橋拱出口所能見到的一樣。現在它又出現了，在氣體的場域，一顆大陀螺：升騰的蒸氣，雲，風，雨，雪……急速下降，於是，本來從源頭到出海口，一去不回頭，滔滔不絕的河流，卻能在下游回收上游的水。就總量而言，一滴也不少。從統計的角度來看，我們始終浸淫於同一條河裡。有時，因為地勢造成平衡偏差，它化身飛瀑落下，但在全世界的液體和氣流之循環中重新取得平衡。只有藉著這樣的回歸，這條河才得以續存。再一次地，節奏，速度：生命之河，川流般的音樂。

音樂與生命潛進一條類似的時間之流，協心協力，牢牢旋入這條大河。於是形成三道渦狀椎體，我的華爾滋再度揚起，此處打著三拍子，心臟與節拍器與川流交錯，聲音及血液及河水。只要透過這條悅耳的川流，為我的生命之河配上和諧之聲，就能組成音樂。

節奏（rythme）所描述的，當然，是一種原樣回歸；但它其實源自一個希臘動詞，意思是流動，統一地流動。對於這個字，語言學家們為何如此頭疼？他們觀察到，在拍動的可逆與潮流的不可逆之間，有一種矛盾。然而這其中只有一種組成。事實上，只要有在加隆河（Garonne）航行，對抗逆流的經驗；只並將我拋上本書的論述之岸。
繼而坦承何種音樂是我此生所夢，

要有一點地理常識就能明瞭水的循環；只要通過一座橋，駛進橋下美麗的湍流大道。在生命中，軀體內，以樂聲呈現，宛如在江河裡，失衡與拍動，這兩股正反之流，混合在一起，不相互對立；整體來說，只為了，拍動時間，組成之，梳理之，我幾乎脫口而出：產生之。

陀螺再現，華爾滋，雙人舞。

因為時間本身也捲入同樣的矛盾：我在前文中提到，其節奏可逆，卻很可惜地，一去不復返。如我，如所有生命，肌肉結實的軀體，健美的走獸，野地裡的小草，如同音樂漸息，一條河流也可能死去。就像鳥禽類，被我們殺掉的可真夠多；河川，例如那兩條古老的河流，注入幾乎已枯死的鹹海，如同科羅拉多河，以及未來不久之後的長江。在澳洲內陸或撒哈拉沙漠，可看見多少乾涸的支流？陀螺顛倒。

而宇宙本身，難道它不也成渦流旋轉？螺旋狀星系，太陽系，行星，颶風，潮汐，氣候……它們不也一樣，形成平衡偏差，不斷透過節奏或回歸原位的方式來填補差距？或者，也可說是透過不斷被不可逆的偏差破壞的節奏？

因此，為了更有效地運用軀體，更妥善地度過一生，總之，為了追求一個存在於這世界的身分，頂好讓自己變成音樂人。感受您身體的節奏，生命的，江河的，世界的，星系的節奏；於是，彷彿自然而然地，您就成了譜寫音樂的人。在這場巨大的樂聲共鳴之中，軀體和生命拍動河川與星球拍動著的時光。在第二十五號作品中，前兩首《練習曲》，快板與急板，蕭邦讓我們聽見這些渦流。

音樂，世界，我

放諸四海皆準地，音樂將生命與軀體帶到世界萬物的節奏中。它並擁有凝聚的力量，也讓共生群體沉浸其中。它終於旋轉地跳起華爾滋，以便鑽入更深層的我？

斯拉夫風格的音調，在德弗札克《露莎卡》的〈月之頌〉中，面對著一口深井，世界的一個暗影之洞，微微開啟一扇陰森森的門。平凡的音樂和書頁，即使優美，卻並非源自這種手法，倒像是討人喜愛的長巾那樣鋪展開來；而且，如同一陣微風吹動即輕顫的簾幔窗紗，垂掛著，閃耀著七色彩光，遮蔽滿載意並將我拋上本書的論述之岸。
繼而坦承何種音樂是我此生所夢，

義的另一頁：它亦鋪展開來，訴說，意有所指，說明，敘述，占據空間，度過時間。但這些音符，真實的音符，朝我淌淌流來，而我，在其發源的井底，發現湧出它們的地下泉源。它們將我沖往下游，為了，透過扣人心弦的回溯，讓我感受它們在上游的發聲位置。它們奔向出海口，為了，以世間最低調的方式，讓人聽見它們的源頭。它們如一座間歇熱噴泉似地噴湧，為了將我深深推入岩漿沸騰的地底洞穴。它們從這個方向湧現，好讓我反向走上它們的來時路。旋轉渦流，回歸源頭，回歸主題，聽者與作曲者，回歸世界上的萬事萬物。

於是，這樣的音調停止，消失，彷彿融化不見；讓人聽見，在語言和聲音背後，較早發生的嘈雜。而我聽見，從那裡，就像從一個黑盒子裡，湧出喧囂，混亂，怨嘆和呻吟；並非意義，而是形成意義的吶喊，滿布碎石，鮮血淋淋。張開在這扇門後的，暗影之洞，漆黑的盒子；地獄，天堂與煉獄合為一體；原始森林，來自海洋的生物；沙漠，高山，靜默的遠洋海域；冰河的縫隙，洞穴的底部，火山的裂口……達娜葉[19]那如瀑布般流洩出金幣的陰部，代表達娜葉陰部價值的金幣。

這千百種名稱的意象顯得如此客觀，我只需把這口黑洞深鎖於胸膛之下，那兒靜躺著我灼熱的淚水之湖。當某位作家或作曲家將那些文字或音符對我迎面擲來，根據節拍與血流，世界背景雜響及我的孤獨無所依，我可辨認出它們是真的，熟悉的，日常的，屬於我的抑或是符合生存知覺的。只有這些文字能讓我流洩真正的嗚咽，源自這些旋轉陀螺的尖端在我身上鑽出的深井之底，而從這個地方，如喘息一般地，亦湧出真正的音符，珍貴稀奇：那是當我能夠以自己的語言，近身肉搏，製造出世界的背景雜響與我的懇切祈求時，所寫下的字符。

音樂引導我朝源頭前行：我的源頭，萬事萬物的源頭……

音樂與我們

……還有我們的源頭。我永遠也說不了所有人類和天使的語言。那個總和數目非我的能力所能及。但是，我能回憶。在我們的祖先離開非洲搖籃的那段時日，甚至在他們分歧以前，開枝散葉以前；以及後來，在氣候限制，方言與文化的綜合影響之下，他們之間如何互相溝通？是否使用一種古老的諾斯特拉語[20]，並將我拋上本書的論述之岸。
繼而坦承何種音樂是我此生所夢，

而後發展成這一片多彩多姿的語系？該如何重新找出屬於我們的那第一條渠道？我們並未存留絲毫蛛絲馬跡。

我們大家究竟有何共通之處，而且直到現在仍然相通？音樂。若說，音樂乘著我的魂魄氣息歌唱，僅我一人的，它卻也將我們聯成一邦。它能夠將我們聚在一塊兒。它召集我們。並與我們每個人交談。我們未聽過哪種文化沒有舞蹈、節奏和歌謠，沒有嗚嗚禽啼也沒有單調反覆的旋律，沒有喪葬輓歌，沒有歡樂的凱歌。我們未聽過哪個族群不合唱。樂人（*Homo musicus*）。可惜，我們僅保存了近期的痕跡。

我才剛從飛鳥生態去遙想萬物起源，如今又遙想人類的史前時代。我們在歐洲中部發現最早的笛子僅能追溯到六萬年前，在烏克蘭的梅齊恩[21]，據說，考古學家們發現了一種類似管弦樂團的坑穴，裡面滿是管樂器，弦樂器和打擊樂器；難道舊石器時代的人已經發明了歌劇？當然，根據文化的不同，所有樂器，所有譜曲，風格和音色皆各有差異；但我似乎聽見了從它們發源之處，結合它們的呼喚，叫喊與吟唱。尼日的富拉尼人[22]，阿薩姆的那加族[23]和阿爾巴尼亞人從未有過接觸，卻仍在四弦琴上用五聲音階歌唱，音階模式完全相同。

我在夢想，的確。一邊是世界和軀體本身之喧嘩；另一邊則是集會群眾的吶喊，或耳中密集而多樣的語言；而各種文化埋藏，隱蔽在這兩者之間，微弱呻吟，其實從那時起，已藉音樂之名進行演奏。是的，在我的喉嚨與耳朵這雙重深井之中，在暴風雨、公共廣場與我的慾望這三重褶襉之中咆哮著的音響，我們的德國朋友可能會稱之為元祖音樂（Ur-Musik），也就是人類的原始音樂：對我的軀體和文化而言，此處四海皆通，彼處則獨樹一格。

我期待聽見這初始的喘息逐漸響起，以尚且半啞的狀態，凌駕涼風，遠洋長浪，爆裂的熊熊烈火，地震，淌淩的冰河之上；然後躲藏在庫普蘭與我的鄉愁，拉莫與你的優雅姿態，拉威爾與你的音色顆粒後方，我的孤獨坑道，戰爭的仇恨，我的榮耀之巔與我的絕望深淵之下方。所有靈感的聖杯，若未發現第一聲呢喃的發源處，我絕不願死去。

音樂孕育所有藝術，為所有科學編碼，在語言之下吹拂，孳長社會，啟迪所有思想，甚至更厲害地，按節奏調整，包裝，展開我們的情緒運動，以及規律但出人意表的數列串。在音樂之下，之後，在它與事物及軀體那遼闊的呼喚之間，靜臥著默不作聲的神祕，所有祕密的寶箱。發現這份寶藏的人或許可能會講所有語言並聽見世界所有的聲音。

並將我拋上本書的論述之岸。

繼而坦承何種音樂是我此生所夢，

我們大家都知道：我們的交談難得有意義。畢竟，幾百萬年以來，集結我們的是音色，低沉，清亮，微弱，高低起伏，尖閉，鈍重，彎弓拉長，所以又何必大驚小怪？意義突出而珍貴，鑲在嘈雜聲流之中，而那流動的顫音搖撼我們激烈或融洽的關係。某些鋼琴曲，以左手，翻攪陣陣晦暗喧嚷——那是風吹，江河或火山，集會議論或竊竊私語；而在此同時，右手，高亢清晰地，啄拾這天鵝絨墊上幾顆稀有的意義寶石。這樣的元祖音樂湧出，但才剛從世界背景與軀體的雜響之中抽離，即引領世界與軀體，集體與歷史。它將我們全體置入大規模遷徙需仰賴信號來調節變化的空間。

音樂創造人潮與社群，或當下即刻或潛藏可能性地，召集他們。社會學者的教育養成應該從歌唱與作曲，撥奏吉他或彈觸鋼琴開始。能夠吸引聽眾，那他們就是該學問的專家；否則，他們永遠也看不到社會融合成形。

我們大家都知道：一篇文章若僅僅發表陳述，而其聲響與節奏卻沉得完全不夠深，未能朝那幾百萬年、朝我們身上那些禽類神經元鑽研，聽起來就會顯得囉嗦拙劣，令人厭煩，頭昏腦脹。書寫或訴說之所以有價值，僅在於專注傾聽，一氣捕捉整個言語層次之肌理，而其厚度，從寄寓其中那難以置信的意義算起，上自那發聲器官之上的，母音，節奏，數量與動作，下至這嘈雜觸及根源音樂的基底，由此，語言這個整體展開支系，分成嗡嗡作響的生物與事物本身。

兩種音樂，兩種詩：繫於其文化。一種朝它們各自的語言聲音下探，另一種，偉大，極為珍貴，顫動著訴說軀體的張力，所有肉體的聲音，海風，冰雪在淌淩時節的陰柔呻吟，宇宙間的關係交纏和世界的背景雜響。此外，政策亦有兩種：我們從來不肯全體傾聽口才不佳的人；而那些利用口若懸河的辯才將我們聚集在一起的則贏得成功。

請看，同樣地，地表上，高山和湖泊，水岸，教堂與道路；請挖掘泥土，深入土地下方，如同一名辛勤的農夫，再如一名礦工採挖煤礦層，最後，如同地理學家們那樣向下探勘至稍微移動即造成火焰噴發及地震，使歷史淺層上的城市崩塌頹圮之板塊。在時下語意及雕塑語言的微妙歌聲下方，抵達那濃稠遠古的岩漿庫，此舉彰揚所有獨特性：法語的法蘭西性、葡萄牙語的盧西塔尼亞性[24]、羅馬語系各語言則加總囊括一切拉丁特性……但卻從元祖音樂的幽暗之口噴湧而出。所有偉大的作品，彷彿來自這幽深的口袋，皆散發一種有聲的哀傷，一陣靜靜的微風掠過一座淚水之湖，世界的騷動與生物的喧嚷，整體而言帶著意義，而若沒有這些雜響，意義即胎死腹中。這一切讓人聽見基本的混亂之聲，不僅是書面的或口頭的，更像一名天使，開始訴說語言所擁有的能力。我希望我的哲思之山能如此高聳，宛如一座珊瑚島那樣絕無僅有，難得一見，而周圍的群島環礁皆是朗誦出來的追憶，從一片嗚咽及罕聞的高潮喘息之汪洋浮現。

試著別回頭，米榭 · 奧菲斯。嘗試走出深井。你蟄居井底，在那裡吶喊，已八十載。難道你永遠無法脫困嗎？

在我身後那人，揮汗如雨，辛苦努力著，以我為嚮導，緊抓著我的短褲，用力把我往後扯。我感覺得到她，也聽得見她。人人稱她歐莉蒂絲，我知道她的名字。為了前來找她，我甘願受苦，經常冒上生命危險。她知道，我也知道：我們兩人都脫離地獄的機率降低到奈米等級。**我自深處求告**[25]。每走一步我們就滑跤，每出一分力我們就癱倒，壁面極少可抓之處，上坡是一條看不見的路。往前一步，滑落兩步。薛西弗斯米榭，歐莉蒂絲大巨石。

嘗試不回頭。

但我想確定跟著我的是她，是我幾十年來甘願為其犧牲受苦的她。我違反命令，我要回頭。

你永遠無法解救她，她，美的化身。

我即將抵達，終於啊，沙丘之巔；從那兒我可以看見海。愈往上爬，隱於丘脊後方的暗潮湧浪，愈加混沌無序。當，隔著最後一道山坡，在這高聳的屏障保護之下，生命與時間起始，其實並聽不見這拍岸之浪。朝前而行，滔滔喧響，不按規律地，盈滿聽覺，直到遮滅清晰的聲音，理性的話語，罕見的供詞，精妙的曲調；到了某一刻，這了不得的嘈雜將取代所有被分離的信號，淹沒所有聲波。

然而我相信，昔時，在尚未來到沙丘山腳下以並將我拋上本書的論述之岸。
繼而坦承何種音樂是我此生所夢，

前，我曾聽見眾多事物喘息起伏；但熟悉的呼喚，美麗的展演，幾曲難得一聞的音樂以及更加珍稀的愛的告白，使我的耳朵能暫離那些雜音。然而，年事漸高，則耳膜退化。人們這麼說，以解釋雜音為何愈來愈大。不，因為就連孤寂的聾耳亦能細緻地感知這天然的鳴響，那音波擋在軀體時鐘的行進前方，如一股高浪，一道高牆，浪脊細碎滔滔，迎向一艘船的艦首。

某天早晨，面朝大海展開的沙丘，我抵達其頂巔，將親見這股筆直大浪，高聳入天，朝我直撲而來，我的耳朵將只聽見它的音波。於是那個時分即將到來：上帝之火將蓋過我的最後一聲喟嘆，那自如此長久以來即向你發出的嘆息。

也是自如此長久以來，我試圖奠立一種物理素養，在那之中，稍屬外圍的，哲學與藝術作品，脫離集體牽連形成的黑洞，並付出超乎凡人的悉心努力，參與事物之形成，世界性的天候，氣候的混沌，生靈的顫動與分娩，加入我們全球的棲所，為了在日後，終能重新連上離人們的呼喚。在我們出聲發語之前，已聞活物的叫喊，事物的雜響。我們最基本的就是活在世界上：黑夜，海洋，季節，冰雪，漲潮……我們偶能看見，但能夠聽見嗎？我們癡迷貪戀已調整成形的景觀，看不見這種事物本身相依扶持的文化出現；在此，我僅邀各位，至少，去聽見它。

這場孤獨的流浪，緩緩地分段而下，順著一條像是由樂聲之波，生物之語言和世界之嘈雜所組成的河流，並非未曾偶爾聽見旅人本人的軀體之聲，無論他是死是活；再一次，循跡走過奧菲斯打開地獄大門之路，通過其他人即將通過的神祕門檻，包括以利沙伯與瑪利亞。

多瑙河即如此越過鐵門峽[26]。

旅程巔峰之站：
音樂，終於。

一觸即發且祕密的關係，連結一種語言的喧嚷發音和我剛才提及的一種基底音樂的聲響，的確，或開啟或閉合了一扇暗門。門後是一間神祕，盲目，陰暗的闇室，在那裡面，言論意義有時從樂音中噴湧而出。為了使意義清楚浮現，我重新再來，但反向而行，穿越我在世界之旅中曾經過的遼闊風景。首先，並將我拋上本書的論述之岸。
繼而坦承何種音樂是我此生所夢，

背景雜響，隨機偶發的嘈雜如一座荊棘矮林，從世界竄出。然後是生靈及軀體的不和諧之聲。從動作與情緒引發，如尖刺豎起，但已具較多獨特性。接著是比較平順的音響，振動的弦與管，純淨且可數的輕顫之聲。劃分好節拍，有節奏，編過曲，有時採用賦格手法的，音樂。最後，散亂的語言和有意義的話語，自樂音而生。這就形成了四、五種層次，層層相疊，有時互相交錯，而且，極為經常地，整套音樂，以音波盈溢，就好像，樂聲載著幸福喜悅，泛出河床，擺脫這正規藝術所箝制的地方，流向全心傾聽的漫灘。

透過這層層沉澱，開啟了許多出口，氣孔，嘴，作用發生的通行關道。音響磨平些許噪音隨時偶發的尖刺；音樂則組編這順耳的音響，規定速度，且先斷好句，標上重音，並制訂休止靜音，對位音……而突然間，這逐漸平靜的水面，意義泉湧，一如昔時阿芙蘿黛蒂生於海面。但有時，音樂全幅蓋過這些層疊積累。關於它，還有何好說？

萬向歸一的音樂

我說的是未定義的音樂。意義，由我們命名；精要之意，原本之意，由我們分類……一如以往在奧林匹斯美饌盛宴上歡笑喧鬧的帕德嫩諸神之中，對於女神阿芙蘿黛蒂，我們直呼其名。意義有其意義，一種定義了的意義，即使偶爾在潮流中猶疑不決或搖擺不定；它描述或指稱特殊事物。音樂潛於其下，什麼也不指稱，亦不定義任何事物；它僅略作描述，富含許多意義與同樣多的指稱方向，於是它無從定義。

我說的是普世皆準的音樂。容我大膽直言：因具言論特性，意義有一個指稱方向，朝一個目標發展。在它之下，音樂奔向哪個標的？解答：一次奔向千百個標的？不，更甚於此，它一次奔向所有標的，無處不達。它占領整個空間。換個說法，但用的其實是同樣的詞：意義專門著重這「朝向」某事物的**朝向**（vers），而音樂，在它之下，則維持其萬向歸一的特性（uni**vers**elle）。

音樂的質地，侵占心靈與軀體，充滿，浸透骨頭。捕捉事物，使之無法動彈，使之近乎雕像，石化，變得又硬又重，如泥土，扎實且全神貫注：銳利，刺尖，聚焦。通透空氣，減輕重量，釋放，柔軟，強化肌肉，使之飛翔。使之流動，潺潺流淌，使之噴湧淚水和行動。點燃感受，灼熱情緒，燒旺聰明智慧，引發創造力的熊熊大火。土，風，水與火。萬向歸一於己身，萬向歸一於我，萬向歸一於我們，超脫我們。待其圓滿音響之天賦得以發展，音樂即大功告成。

我說的是泛語義的音樂。無論口說或書寫，一種語言的詞語和句子帶有意義，有時一次僅有一種，屬單語義性質。音樂當然也有意義，但延伸的力道如此之強，以至接近一種多重語義爆發之邊緣，我大膽超越極限，並敢說音樂具有泛語義的特性。

並將我拋上本書的論述之岸。
繼而坦承何種音樂是我此生所夢，

現在，說的是全能的音樂。言語的意義有一種或幾種價值；在我看來，音樂具多種機能，更甚的是，全面性的萬能。因為全能，以其強大，它能支撐來自言語的、有時候是單一價值的意義。它強而有力地奏響，語言則以行動訴說。

萬能，全能，所以音樂是白色。前文談及史卡拉第時，我用紅色來說，那並非巧合（譯按：Scarlatti 在義大利文中原義是「猩紅」）。事實上，意義，的確擁有那樣的可言說，具代表性的，幾乎可測量，可描述，可編號的顏色：猩紅、土耳其藍、金黃、寶石綠⋯⋯而音樂求的則是總和，累加，融入，綜合所有顏色，就彷彿，以其泛語義的特性，加總意義。我視之為白色。音樂中迸射光亮，種種語言展開其璀璨的色彩，差異分明，譜出層次，彩虹光譜。在音樂天空純白炫目的穹頂下，文字為彩虹的彎弓著上顏色。

博學的音樂。先前的描述仍嫌粗略。近距離仔細聽，我能辨別出接近語言的音樂，較為特殊，與宗教語言頗為相近：法語下的蕭邦，德語下的馬勒，義大利語下的史卡拉第……但是，漸離漸遠之後，音樂趨向純粹的聽覺，透過它，各種定理，盡可能地，顯得更普世皆準，更加純白。它亦懂得向下沉入雜響。透過這樣的擴張，在音樂的純白性，與安納齊曼德[27]所發現的無限定之極度淵博的透徹性之間，古怪又牢靠的近似關係再次浮現。安納齊曼德是歐幾里德空間的前輩，而歐幾里德空間又是幾何學的先驅。這一點我稍後詳述。

最後，一言以蔽之：音樂是源頭。未定義，泛語義，萬向歸一，全能，萬能，無需任何翻譯，任何翻譯結果皆不變，音樂是語言的起源。根源，基於樹木的植物學上的意義，主根，葡萄植株，根，匐匍莖，根狀莖；根源，基於後裔，世代和族系的意義——於是某些字有拉丁根源，另外一些的根源來自斯拉夫語，諾曼地語，薩克遜語，烏拉爾—阿爾泰語，漢語……而世界上所有字的根源皆來自音樂。根源，基於近來的新義：生出所有我們已知細胞的那些幹細胞。這正是意義所經過的通道，閫室，開口。

音樂訴諸潛能，意義訴諸實現。以江河而言：源頭訴諸潛能，潮流與出海口訴諸實現。

天使，訊息，信息

離題的或私語的：天使的音樂。大家都曾看過或聽過，至少看到了我這本書的封面，所以都認得奏樂天使（編按：本書原版書封為奏樂天使於「最後審判」場景中吹響聖樂的畫面。）……誰會認為祂們不屬於白色？祂們傳遞訊息，不論內容：無特殊用途的卡片，萬用信，皆是白色。比傳信使者等級更高的，大天使們（archanges）即是原質（archès），也就是源頭，也就是根源——在遙遠的一處上游潺潺而流：那是遠古（archaïque）。不僅如此，大天使的弟兄與主天使們（dominations）的權座上可以安置任何一位王后，女皇或女沙皇，或任何一位國王。更甚的是，有些天使以能（puissance），勢（potentiel），潛在（virtuel）的形態行事。所以，祂們亦如強大的音樂一般，無定義，純白，普世皆準並且全能。

因此這些使者密集出現在當代世界：世界性的音樂。當我從義大利語衍伸到拉丁語系，從拉丁語系衍伸到一次五旬宗的聖靈召喚，然後大舉深入世界中的生靈與萬物，這樣的定義與我以旅者為起步所展開的漸進擴張如出一轍。在我們的文明中，大量充斥使者，不可勝數的訊息騷動，訊息傳輸中心迅速增加了幾百萬座；正如天使在這文明中占據著時空，近幾十年來，音樂在空間和時間上亦大幅拓展延伸，在其他任何應用和藝術中，這種現象前所未見。人類呼吸著的空氣中，音樂密集，無處不在；無論日夜，街道上，屋子裡，廣場上，店鋪和失聰的耳朵裡可聽見，是交流，商業，表演，典禮節慶，工作及獨處時必要的伙伴。我們深陷音波洋溢的外部空間，被排除在震耳欲聾的樂聲持續占據的私密時間之外，所以有時甚至被音樂妨礙，無法說話，思考，就連本身的軀體與時常沉思的心靈所發出的隱隱雜響也不易傾聽。

而譜寫及聆聽所謂古典樂的耳朵則潛浸在一種日常的，遼闊而扎實，極少被鴨子的聒噪和馬車鐵輪咿呀穿破的寂靜。相反地，當代音樂被一群耳膜忽略這般的寂靜之人編寫和聽見。他們的耳膜且被不斷繁衍，不給任何殘缺原子留下任何空間和時間的噪音處心積慮地破壞。誰還聽得見旁人與他良心的聲音？

密集而擴張，個人又集體，於內部運作卻又公開示眾，這次世界化所憑藉的是，這種背景音樂緊隨信息量驚人的增長，與其具有同等地位。同樣萬向歸一，同樣泛語義，同樣全能，信息不依賴意義，領先所有意義。跟音樂一模一樣。意義訴諸行動，正如信息和音樂訴諸於力量。因此，後二者皆擁有同樣普世的潛能，同等的能量地位。音符與位元和像素有如孿生姊妹，故而亦可被視為數碼單位。此外，我曾說過，電腦直接由樂器演變而來：皆是強大的操作面板，幾百萬種可能的曲譜，化為行動，從中噴湧而出。音樂淩駕所有語言之上，鄰近，配合，跟隨，領先信息。

所以，當信息開始占領世界和人類，音樂這同具普世特性的孿生姊妹，伴之同行。也許甚至超越領先。古老的軍事諺語說得好：永遠沒有什麼快得過音樂。話說伍茲塔克早走在臉書前面。

佔探起源之域

在此，我想對願意跟我同行的人展現編碼這座純屬汪洋性質的海岸，音樂在此達到一種深刻且不可預知的境界。讓我們從重新檢視定義明確的層次或沉積岩著手，試著評估它們的份量。

元素的實體，已由門德列夫[28]標定並經後繼者們研究，元素組合巨量爆發，而組合的可能性可用來估量無窮的分子之海，或從大自然中探索發現，或在實驗室中合成。物質的領域。

同樣由基因密碼所造成的組合性爆炸[29]，令人正視物種及生靈獨特性的無窮大海，從最簡單的草履蟲到多細胞組合，獨一無二的阿芙蘿黛蒂即從這海水中躍出，美貌淋漓。生命的領域，亦是組織的，個體的，軀體的，姿態的，形狀的，功能的，色彩的，運動的⋯⋯

從此刻起，音樂：同樣的組合性爆發，始於某段音階的幾個音符，帶領人們去傾聽並凝視一片彷彿無窮盡的海洋，包括歌曲，希臘古歌，聖詩調，交響樂，奏鳴曲，熱爵士，藍調，搖滾，鄉村，福音，饒舌，律動（groove），靈魂樂，鐵克諾（techno），衝撞（slam），電音⋯⋯所有過去，現在，未來的樂譜。知音（entente）的領域，很快地我會改說是知性（entendement）的領域。

請仔細凝聽這些字：solfège（視唱），sol，fa；

alphabet（字母順序表），alpha（α），béta（β）；éléments（元素），l，m，n……組合開始，爆發已近。同樣的信息之海也同樣透過像素或位元的組合性爆炸而產生，甚至透過更欠缺元素的二元運算。我們的機器領域。同樣的數字或可計數之海，超限（transfini）的領域。

同樣的大海，同樣的組合性爆炸，肇始於字母與字母順序……但是，在此，感覺上，文本，詩，毀謗，演說，講解，對話，辯論，不和或誤會，故事與謊言……我會這麼說，人類思想領域具有意義，而正因為浮現意義之必要，亦嚴格過濾汪洋的無窮無盡及開展。千百種字母相連的方式或造不好的句子紛紛落入無意義的境地。的確如此；但許多機能組織也被不明的生命力濾除，死去。猙獰的變形或無情的篩選，成為不具希望的怪物。但是，對於先決性的組合爆炸，新達爾文主義所做的只是強制兩種篩濾條件。動物相與植物相，題材與奏鳴曲，怪誕詭異的分子或破壞聽覺的不和諧聲響亦浮現出來，一如涵義，排除各種廢棄不用的，呈現意義。僅有數字與信息能達到未經篩濾的超限性。除此之外的任何領域裡，在用這種方式篩選出來的事物，軀體和歌曲之中，僅一種意義獨大，其餘全部淘汰。

在此，音樂取得一種原創的，普世的，巨大的地位；在那個位階，它初始的潛能鄰近並偶爾蓋過無知覺的物體本身，生靈與信息的原始源頭。從出發以來，我的旅程不斷朝這講求原則和基礎的態勢發展，而在此，我透過最簡單的計算來描述。是的，為了讓人聽見，音樂總是伴隨或先於訊號浮現，而我正要說，那是數算思考及一般科學的訊號。彷彿可把大敘事當成一首浩大的狂想曲來聆聽。

所以音樂配合世界之規模發聲，也配合這個世界的知識發聲。

第五站，最後一站：知識，信息

在定義清楚的語言之下，藏伏著未定義的音樂，純白的根源。在科學的源頭處，也伏踞著未定義，即前文中提過，安納齊曼德所主張的那種；以及信息的未定義，另一種同樣純白的根源。於是，再一次地，透過信息，音樂與科學之間產生隱祕的同源性（parenté）。奥菲斯在旅途中遇見尤蕾妮亞。這下子，一如音樂和信息，科學本身亦占領世界和人類，但與至今仍居主導地位的科學完全是兩種形態。我要許願，願所有學者，不僅僅社會科學的學者，皆能從研究音樂開始他們的養成教育。為什麼？因為——我敢承認嗎？——我夢想一種普世皆準的聲音學。我再次聽見大敘事之河的河水不斷混入浩蕩狂想曲之河水。

並將我拋上本書的論述之岸。
繼而坦承何種音樂是我此生所夢，

我剛描述了我的孤獨旅程，我深入地獄之旅，走在意義下方的小路，引領我通往聲響的大道，愈走愈低沉，愈世界化，愈被夜色籠罩。在義大利語或法語的發音之下，我得以聽聞拉丁系語言共同的音響；然後聽見在所有語言之下可聽見的原始雜響。從那裡開始，一條看不見的小徑通往更深的地方，鳥的啼唱，鯨的呼喚，螞蟻的細碎聲，音樂性的存在……海上的風暴，地震引發的雷鳴……世界深處的聲響。我從人類語言出發漫遊，走向音響及振盪的萬物，從柔軟走向堅實。我於是得以聽聞萬物本身具有魔法的迷人歌聲。

追尋奧菲斯的第二次旅行

科學

現在有了勇氣，能二度重來同一段旅程，但反向而行，從硬體事物走向軟體訊號，從實體到意義，從物貌到抽象，從聽覺走向認知。回頭走在這條陡峭的小徑上，我以另一種認識論的哲理說夢，仍充滿詩意的夢。我能從這樣的理解去重建知識嗎？耳朵如何辨知？還有，與他人和世界共振的我們的皮膚，又是如何辨知的呢？

我們大家都沿著一條平行的道路走，從視覺出發，一路上，直覺中的理論與意念如繁花盛開，所有的字眼，藉已失傳的語言，如希臘文或拉丁文，重複著「看」這個動作。閃耀，明亮，這條常用的道路，我們每天行走，從眼見到抽象，徜徉在我們澄澈的知識與靈光閃爍的發想中。這條路始於柏拉圖，經歷啟蒙時代，導向明辨區分與科學之清晰明瞭，偏離詩性，通往實用與知性，至今已超過兩千年。

詩性，相反地，這條路的起點是背景雜響，萬物之聲，聽音，耳朵……它不以講求操作，方法，眾所周知的方式朝認知的目標前進。來到這一點，我孤獨的世界流浪與第一章中分站描述過的神祕旅程交會。事實上，透過譜寫音樂，奧菲斯走出黑暗的地獄，迎向陽光普照的地面；在阿凡諾湖[30]的暗影中，歐莉蒂絲跟隨愛人的里拉琴聲，一步一步，一個音一個音，串串音階與和弦，爬上復活之路這道坡，艱難又危險。而，突然間，上坡中斷，歐莉蒂絲跌落，滑向深淵。後來，在色雷斯女狂眾嘈雜不和諧的叫嚷下，奧菲斯的生命亦將中斷，被她們碎屍萬段。通往知識的聽覺或音樂之路從此不再。奧菲斯與愛妻那段功虧一簣的向上爬升，現在，我試圖重拾這趟旅程。

確實，它功虧一簣了。我們無法追隨聽覺前往全面的抽象冥想，這條路徑並非是從視覺到理論與想法那樣的一條康莊大道。在聲音方面，我們只有一段神祕的話語，一則中斷了的謎，一場未完成的夢，一首失敗的詩。這條濕滑的小徑，直落地獄且難以重新爬上去，是否有一天能變成實際旅行中的一條標示道路？這首認知之詩，這曲認識論之歌，是否可能轉化為實際經驗？

並將我拋上本書的論述之岸。
繼而坦承何種音樂是我此生所夢，

這條斷鍊僅留下幾節鍊環。支離破碎的道路上，我僅看見三、四抹足跡。我將它們重新標記出來。

邁向形體的第一步

希臘在幾何證明上的重大發現可用一個詞來概括：邏各斯（*logos*）。從那時起，我們即用它來指稱幾乎所有的學問。它同時代表理性和語言——希臘人在這兩方面十分自傲，將其他民族看待成蠻族，因為那些人不用指稱語言的那個字來講理。後來，某些「思想家」濫用同樣無知的種族歧視，宣稱，唯有他們自己的族語有哲思的能力。起初，*logos* 這個字眼只在分數形態 $\frac{a}{b}$ 時代表比率（raison）：幾千年來，其等比及類比 $\frac{a}{b}=\frac{c}{d}$ 被用來當成演算證明中的決定性項目。而，畢達哥拉斯派[31]的弟子聽得出——傳言那是在一個打鐵舖，鐵匠正用大榔頭往一具鐵砧上錘打——三度，四度，七度，增四度……等音樂間隔中的初步比例。據說，他們在一條直線上重現這些間距，由此發展出歐幾里德的輾轉相除法。

萬物之中第二站

在橋梁與欄壩的下游處，河水流逝，漩渦，即使不穩定，仍稍稍地，保持住了穩定，根據波動的輪廓，成形又瓦解。圍繞著地球的氣旋與反氣旋，以及點綴宇宙的螺旋狀星系亦如是。

少年，成年，老年，我就這麼殘活著，身分半固定，流逝的時光使我微微顫抖，重建我的身分又摧毀了它。於是我的軀體喪失幾百萬個神經元，幾秒之內，細胞就大量凋亡；我的軀體以一種近似的形貌，或如運動員或像個小老頭，不停旋轉，無視年歲但也根據年歲，依稀可辨。於是活躍的物種繁衍延續，無論巨大或矮小，儘管變化了千百次卻也需經過這千百次變化；於是人類躁動不安，在克羅馬儂人出現以前即已直立。於是頗無變化性的，一個國家的歷史，透過許多奇妙的變化浮動起來，至少遠遠地看上去如此。

迴旋曲，重複樂句與反覆樂段，華爾滋，疊句詩，船歌與敘事曲……音樂曲式如出一轍地旋轉，彷彿這些河流，這鮮血，細胞，生命，星子的周轉，時光與世界上的核子戰火，我們皆能用聲音及黑色或圓胖的音符模仿表現。返始：我認出這一站，生命與世界的一站。返始：別忘記如歌的鈣離子振盪，它在我們每個人的發源之處啟動細胞分裂。

關乎身體的第三站

從以弗所的魯佛斯[32]到蓋倫[33]，上古時代的醫生們認為，每位個體皆靠著一股張力（tonus）活下去，這股張力並且決定他的性格。透過振動，背部和腹部肌肉以及四肢能平衡身體組織運作，因此，透過動作和舉止，人可以有意識地感受自己的軀體及自我。在此有個建議，來自古希臘人：輕輕躺在床上或猛然跌倒在地，你將能感覺出有無張力的差別。暈厥，失足跌下，死亡，所有墜落都隨其中止而至，都在突然失去這股張力後發生。相反地，在樂聲音調（tonalité）的保護之下，我們放鬆休憩，甚至睡去。

奧菲斯，我的前輩，他是否因為彈錯身體張力振盪之音調而失去了伴侶？你回絕我，是否因為，觸覺不再，我只能抓緊指板？如果你聽見我生命強度之音樂，這音調即說明一切的音樂，你就會懂我。聽見之後，你會愛我嗎？如果我聽見每樣物種的生命音樂，我就能了解所有生靈嗎？奧菲斯是否試圖在他的里拉琴上重現雪松，老虎，江河，大海，以及不在身邊之愛妻的生命張力？如果，置身軀體與靈魂的寂靜之中，我專心傾聽世界的張力振動，是否就能從頭重新了解宇宙的各方張量（tenseur）？

為什麼數學能應用於各種現象？愛因斯坦重提康德的疑問，但並未解答。讓我們校正誤聽者的盲目道路吧！因為，關於畢達哥拉斯學派，我們所知道的部分使我們傾向於標榜音樂起源於幾何學和數算。歐幾里德的輾轉相除法也可當成是琴弦振動節拍之餘數，由此發展出關係與比例的擬代數。後來，從歐拉[34]的偏導數和傅立葉[35]在熱學和波在弦上之振動相關的方程式，誕生出現代物理。在這項發現以前，一切只是機械運作，甚至是幾何，比方說，幾何光學。所以抽象科學和應用兩者皆從某個被遺忘的音響領域浮現。所以，答案在此。而數學是否歌頌著世界的張力？

並將我拋上本書的論述之岸。
繼而坦承何種音樂是我此生所夢，

從身體到世界，然後，再回到身體。在《世界的和諧》中，克卜勒[36]建立了種種音階，以畢達哥拉斯比例區分，並統一天體，讓人聽見星球的運行。根據他的理論，宇宙嗡嗡交響。法國數學家蘇里歐[37]認同這種直觀方式天才縱橫，剛提出證明：我們太陽系中的行星之間，間隔必須精準，只要距離符合，就能避免其中一顆星球發生共振，破壞整體組織。透過比較是用眼睛去看的光譜，我們從此畫出了所有從宇宙接收到的波形，然後再也聽不見。如果我知道如何聽見這些波和小波，是否就能更了解宇宙學（cosmologie）？

去氧核醣核酸（DNA）的形狀像一條振動著的弦；如果我聽見了它，是否就更清楚該如何回答這個問題：生命是什麼？薛丁格[38]，他則反駁說：那是一種非周期性晶體（cristal apériodique）。我夢想著有一天能加以補充，說：雜響，音響，音樂，皆由這種晶體散發出來。如何聽見這晶體？如果我聽見了你DNA 的張力，是否總算能更了解你？求求你，請聽見我的 DNA 張力。你賜予我的那個孩子是否會奏出由我們兩顆鈣離子的喧嚷所組成的和弦？

同樣地，如果我們以前就懂得傾聽，超弦、膜或薄膜的振動——此兩者的一般相對關係可解釋世界及量子力學，而其相關方程式展開一座小宇宙；理論企圖統一此相對性——是否會對宇宙有更深入的了解？

形體旅程之完結

我的語言聽見延展性及時間——它是否從希臘動詞 τείνειν 衍生而來？——宛如兩種類型的緊繃。拉展這種方式，用力過頭時偶爾能達到難以抵達的目標；我們繃張的軀體，是否，在它周圍，建造了容量體積與時間段落？按照物理與哲學教導我們的，**在空間與時間之外，是否存在一種振動或張力的，尚待發掘的單位，既能製造時間又能產生空間？**音響途徑之詩在科學方面還很薄弱，它能否帶領我們創造強大的發明？

並將我拋上本書的論述之岸。
繼而坦承何種音樂是我此生所夢，

身兼詩人，音樂家和智者，奧菲斯，我的模範嚮導，在音樂科學的領域裡，他是否用這個方式來轉譯雜響，渴望，暴怒，召喚和各種聲音？這條上上下下的路，是他開創的嗎？他認得嗎？他在猛獸之間散播和平，是否發出老虎伸爪，豺狼咆哮，以及獵物顫抖相加起來的和諧聲響，此外還有地震，荊棘叢，帶刺的橡樹葉，將長草打結成束的狂風，因為人們說，花草植物，如同飛禽走獸，在他經過時皆彎腰俯首？在黑暗的地獄中，他譜了一首曲子，音調唱出愛妻獨特的生命張力，以及令人眼花撩亂的基因音階，是否藉此成功地，為歐莉蒂絲，做到了初步的起死回生？他被色雷斯的狂女們碎屍萬段，死於如此酷刑，是因為在那個時刻，他未能找出傅立葉級數的總和，否則或能將那每個女人的顫抖嘶吼化為和諧之聲？直到那一刻，他征服了千萬種各式雜響，卻被紛亂喧嘩與空虛混沌炸成碎片。

張力失靈：延伸空間與時間亦不再。是的，奧菲斯主義讓我們不肯多加耕耘的理性知識無從發創，埋沒於神祕地獄中的漂泊之所。救援歐莉蒂絲脫離幽冥的行動失敗，她再度墜落地獄。從地上的雜響，地下的煉火，森林的低語，禽獸的吼叫到音樂，到語言再到智慧，一條知識之鍊發端，展開，斷裂，功虧一簣。我們再也聽不見世界，也聽不見人群，聽不見軀體。

哲學路上的兄弟啊，你們為何不再傾聽萬物？為何再也聽不見地球生境（Biogée）的音樂？

我們的聾態（Surdité）

我們的耳朵長在筆直的頸子上，狹窄封閉，聽不出頸子的多重振動：數學上的，天文學上的，神經與肌肉解剖學上的，基因學上，原子論的，物理的，最後，還有空間與時間的……但我們的眼睛是否真能看出完美的三角形或幾何中的多維空間？從視覺出發，我們的認知將理論和想法塑形；直覺使視線永遠注目形狀的領域。我們以這雙普世通用的眼為準來調整自己。

而誰不知道，另一方面，眼盲之障，比起耳聾，還有喑啞，其實並不那麼嚴重？誰不曉得，盲人的智能表現程度比許多明眼人還高？誰看不出來，相較於耳聽的音樂與文本著實前所未聞之豐富，影像所乘載的信息貧瘠，有時甚至窮絀拮据？耳朵比眼睛更善傳達。然而，哲學家，教育家，編輯或媒體……所有人的想法和作法都與這項事實反其道而行。

所以，我是否能從聽覺出發，構思一種整體的抽象概念？藉著擬像（simulacre），盧克萊修[39]曾嘗試，透過觸感，展開另一種科學之冒險。而今天，在認知能力上，我們開啟了一段觸覺新紀元，從此不斷驅動手指在螢幕上奔馳，以求知曉與溝通，所有人都變身拇指姑娘與拇指男孩（Petites Poucettes et Petits Poucets）。倘若所有領域中都存在振動，一種普世皆準的音響，那麼，音樂與信息，這兩種某方面亦為普世皆準的領域，應該能建立一種認識論，而且奠基於自在的聽覺，至少如我們從柏拉圖起即養成的視覺那般輕鬆。這普世皆準的音響應能使我們終於聽見世界之歌及其奇妙魅力。

我更進一步夢想：音樂和語言是否早已透過這種方式來認識？他們是否以始動（inchoatif），野蠻，模糊的方式建構宇宙、生命及其他事物之靈犀與表達？若深入凝聽的根基，我們是否就能正確地重拾被遺忘的知識，重打基礎，重啟發展？

言語有聲，振動鳴響是否為了在宇宙、生命和其他事物之間迴盪？是否已傾聽知悉，部分表達？當一群人爭先恐後地參加音樂會，他們是否重複著祖先的姿態，聚集在一起，迷幻恍惚，圍繞著喉頭發出的嗚嚕叫聲，模仿世界的背景雜響與軀體撕扯淒厲的慾望？我們的語言，我們的音樂曲譜，我們博學深奧的發明，難道都忘了這發自遙遠開端之呼喚？

甚至，我們之中有些人，立志投入人文科學，因而被集體噪音蒙蔽，耳朵冥頑不靈，永遠聽不見世界之歌，相信宇宙的魔法已幻滅。為對話而對話，為辯論而辯論，執意相信唯有成立議事國會才能決定事情，他們再也聽不見萬事萬物之音。

感悟與理解

宇宙大敘事，如今變身成為一首大狂想曲，沿之回溯，這一連串音響卻可能解凍一項從柏拉圖以來即冰封的知識理論，但後來愛因斯坦和其他來自各方面的努力分析反而讓它凍結得更嚴重。我們的思想偶像促成系統雕像，後者明確而清晰，強調了冰霜晶瑩剔透的輪廓與半透明感，卻使思想之運行，形態變化及渦流旋轉，還有事物之掌握，皆困難重重。

然而一如聽覺與燒燙感，視覺亦有振動。顏色、音響和熱度皆震顫。一切皆流動，理所當然，但一面還顫抖著。我聽見這片輕顫，所以，我明白。我明白我所聽見的也明白何時可聽見。

關於信息

因此，秉著良知和固執，在《音樂》這本書中，這個自傳章節，也論及科學。它源起於偶然——混亂喧嚷，背景雜音，集體嘈雜，體內的情緒——，隨著音樂之流，漸漸發現一股往知識茁壯之態勢：並非朝某種特定學問，而是流向全面的信息，往負熵[40]的最大值發展。

並將我拋上本書的論述之岸。
繼而坦承何種音樂是我此生所夢，

我重新開始。最初，如何將我們毫無相關的信息的混沌整理出秩序？用哪種方式領會世界的熵無序，地震與氾濫，失控的暴風雨，集會人群的叫吼，沙粒的脆響，核爆，來自兇殘的怨恨尖喊，心煩意亂的軀體之振動？在這充滿尖刺、隨機爆發的轟隆聲中，稍有秩序出現，我們的神經構造必有反應。當嬰孩咿呀吟唱，這咕嘰咕嘰，啦啦發聲，表達出他從混沌的環境中所接收到的規律；接下來，在嘰喳不休的階段，發音已經過咬字，重音標記出一種秩序，稍後將增長，朝語言的方向發展。

這部童年之書，屬於我的，奧菲斯的，剛才提及的世界的童年，讓人多次聽見一陣初始的哇哇啼哭。就這樣，此書亦如此多次試圖追隨音樂低語之潮流而下。身處酒神女信徒們的仇恨憤怒之中，奧菲斯，傳說級的行吟詩人，嘗試歌唱，嬉耍，譜曲：他是否鋸平了玫瑰的刺，磨鈍了老虎的牙？這些正是減低世界之無序的方法。在我本人的青春歲月，揚起的是敘事抒情曲與悲歌；在一座歷經六場爭吵打鬥的致命戰爭、整治規劃中的小島上，那是求生存的態度。在命運機緣的汪洋之外，我正要說，神妙的陣風掀起上千個平行浪頭，類似一列井然有序的火車，如同一份樂譜的初步抄寫。在萬物生成之時，言語尚未形成，胚胎在一名懷孕處女的腹中輕顫，情緒之波盪引發哭喊與聖歌詩篇。當初我應該描述一場五重唱的誕生，指的是在布朗克斯（Bronx）的嘻哈文化中，生出了饒舌歌手們。在那兒，音樂之河，宛如一條激流，亦滔滔奔流，從雜響奔向語言：來自苦難不幸的泉源化成水花四濺的瀑布，奔向抗爭解放，彷彿一首黑色的〈尊主頌〉（*Magnificat*）。這晨曲四重奏，這饒舌五重唱，歡樂，嘶啞的喘息，狂熱的淚水，皆在在標示，透過音樂，我們進入了語言和知識的領域。

音樂自雜響而生：人類原始的牙牙學語，混沌中的第一則信息。如此湧出泉源之後，這條編排與組合之河，朝言語順流而下，奏著旋律與和音，增加負熵。因為，一個系統顯現得愈有秩序，描述所需的信號就愈精省，信息量就愈大。各位可知有其他哪種人類產物能更有效地對抗無序，能更良好地接待它，經營它，終於馴服它並掌控它？沿著河床流動之水，請聽，這是音樂：山間小激流，仍是急促嘈雜的湍流；它抑制流速，然後和緩下來，化為水面平滑的湖；成為一座水流澎湃的盆地，經常漩渦星布；後來綻放成一片三角洲，擁有十條支流：藝術，手工，用語，科學，宗教……以柔和緩慢的力量，音樂之水推開卵石與沙丘，飽受侵蝕的沉積岩；雜響的殘屑自源頭沖下，偶爾再度浮現，流向汪洋最終的空虛混沌。在此，我們浸淫於浩瀚的信息之中，上游波浪豐沛滿溢，大幅增長。

若世界顯現出一種秩序，些許和諧，如同古希臘文中的「*Cosmos*」[41]；若「cosmétique」這個形容詞亦指稱某種美貌；那麼，負熵或秩序隨之增長的音樂潮流，等於將我們轉化成了世界子民，漸漸地將我們教化成人。只要演奏、歌唱或作曲，只要朝這條音樂之河的上游回溯，或游泳或任隨漂流，你將能柔軟性情，更喜愛也更清楚、甚至更了解你的發創力，並使之大放異彩。跟隨它日益增加的信息量，你將初步體驗世界之秩序，行家賞味其風景之方式，對其遼闊之喜悅，對其現狀之愛，以及其美麗。無論塵俗拜物的世界抑或全世界的世界皆然？

語言從音樂無意義的音響誕生，而其編碼則來自科學。在瀑流落出抑揚頓挫的每個閘室中，信息量上揚增加。奧菲斯走向尤蕾妮亞，這位繆思女神亦是一切知識之母。我夢想一陣遍達宇宙的音響，始於〈創世紀〉，由〈光榮頌〉承接，在聖誕的天空中迴盪。而最後一個舉動，神祕如謎，過一會兒之後，終將在化身（Incarnation）、物理與信息科學、負熵的科學與技術之間交集連結。

此即知識**創造論**（épistémo*gonie*）。

音樂大河上的一道瀑布

年輕的卡諾[42]，在他那個時代，創想出兩股泉源，一冷一熱，多虧它們，我們引擎的動力，我們最有效率的力量，來自於從滾燙降到冷卻狀態的落差，這落差可想成一道瀑布，也就是說，從一股高階的力到另一股，比較低階的力。我們的交通工具即以這種方式並將我拋上本書的論述之岸。
繼而坦承何種音樂是我此生所夢，

運作，機器即以這種方式為我們工作。

神祕、智慧且即將染上宗教色彩，這本書所航行的三重音樂大河，就某種程度而言，亦從高處往低處奔流，自源頭流向其河口三角洲。就圖像來看，它從三段童年出發，冒著危險，可能墜入地獄。若說有幾條路線偶爾看似向上攀升，只要根據事物的能量或力量重新建立信號，就能將水流轉為一路下墜。

且舉幾例：狂風的猛烈，海洋有節奏的波動，火山爆發或無法預測的地震，有時會發出我們都聽得見的巨大聲響，而我傾向認為我們的音樂與聲音以輕微的強度重現之——那是能量的大幅下降。群眾的嘶吼與戰役中的嘈雜，毫無意義可言，亦是一陣大聲雜響，正如，外部的，蛇鳴嘶嘶、牛叫哞哞或山雀啾啾；又如，內在的，肌肉振動、腹部輕顫、心脈的搏跳；我們的喧嚷、歌唱與發聲，以弱音，重現這些蓬勃的波動：再一次，這是下坡。

所以，我剛才三度描繪了一股雙源動力的流程。第一個源頭，堅實，硬體屬性，位於高處，包含世界的巨大能源，汪洋上方的海風、颱風的浪濤、火山的爆發，以及來自各種生靈的，狼的長嚎、豺的狂吠、鳥兒的宛轉，這些能量皆定義在熵值比例尺上，一如人類群體及我們自身軀體的吵吵鬧鬧。第二個源頭，軟體屬性，包含信號、字母、符記、聲音及編碼、位元或像素，這些元件定義在信息比例尺上，柔軟且位於低處。在這兩類能源之間，距離，墜落的高度，皆清楚已知，需以大數來計算。音樂特性令人目眩神馳，其浩大能量，在此如何縱情描寫也寫不完。

當我們唱起歌或作出某段曲調，從世界的雜響，身體的輕顫，我們集會時的失控、嘶吼、叫嚷、鼓噪和怨怒，過渡到我們的文字及這些聲響的意義時，我們所用的，彷彿自然而然地使用著的，正是這樣一股動力。或許有一天，以從能源到信息的巨幅落差來提供補給，籠罩在從硬體沖向軟體的瀑布之下，我們將能製造出這股動力。它的力度比幾十年來炸聾我們耳膜的鞭炮還要強效幾十億萬個幾十億萬倍。它能產生何種類型的創作效率？仿效阿基米德的口吻，可以這麼說：幫我打開這道瀑布，我就能重新創造世界。

音樂，究竟隱藏了這場創造還是啟發了這場創造？

並將我拋上本書的論述之岸。
繼而坦承何種音樂是我此生所夢，

巔峰第二站：神祕之音

如同重新墜回地獄的歐莉蒂絲，構思一種奠基於傾聽上的認識論完全不可能……這幾條知識**創造論**的路徑中斷，是否因為把腳步留給了偶爾在耳中響起的神祕聲音？當我知曉某事某物時，我的語言要我去**看**各種呈現、想法、理論、直覺……所有文字皆建立在目光上。隨著年歲增長，我重聽變聾，但又何妨？我開始聽見，在波浪的呢喃或世界背景之雜響後方，有一個聲音。

這第三條大道，希伯來語稱之為 *ruagh*（靈），世界第一個早晨，神在各方水面上方之空虛混沌中所吹拂的氣息。普朗克時間這道屏障，科學無法跨越；而在它後方這難以解讀的雜響，以物理學的最小單位，定義形而上學。源自這股氣息的路徑聖所，聖約翰的希臘語稱之為 *logos*；而在此處，混亂嘈雜，然後流瀉出〈詩篇〉、〈雅歌〉，以及先知們的憤怒，以求終能化為火光之言，在五旬節的早晨，降靈於使徒的腦中，為他們開啟以語言訴說的能力，也就是說，以音樂訴說。原本尚且幽暗且前所未聞的這條路，變得如神加持般地可以言說。

拂過最初水面的這口氣息，在荒漠中嚷叫的這道聲音，其開展與擴大，是否發生在人初成為人，從原始天然狀態轉為修行培養文化，這段若少了神決定性的援助則無法成功過渡的轉化期間？來自抑揚頓挫之井，充滿深不見底的井穴，這道聽得見的音波將初成人的動物推入一場新冒險，並回彈波及整個大自然，從最初的發源開始。它是否創造了大自然，我並不知道；但是，總而言之，在認識的過程中，它再造了大自然。

我們看見了大自然，並試圖照亮其黑暗之處，卻聽不見充盈宇宙、天空與地球的聲音：氣候與風暴，泉源與風，潮水的洶湧，白楊木的顫動，禽獸的繁殖熱度，集會人群殺手級的或激狂的鼓譟，愛的哀哀祈禱。**聽啊，以色列。以法他，打開城門**。我的最後一條傾聽之路，人類的知識之路，或有意識或出於敬意，是否特別獨留給了宗教？

我的朋友歐莉蒂絲，現在，請聽見寂靜。或隱隱悶響或如雷貫耳的，雜響，空虛混沌，音樂或話語仍自某座泉源湧出，遙遠的，鄰近的，可觸及的，捉摸不到的……那泉源封閉了空間，將它分為兩個極點；無論這裡或那裡，這個起源點，極度尖銳，將我們的監獄牢牢鎖緊。

少了源頭，寂靜朝無限延伸。神會緘默不語嗎？我們是否在扼殺寂靜的同時即失去了祂？卓越超群的祂，的確，閉上了嘴；存於宇宙萬物之內，降世為人的祂，則發出呼喚或召喚。

並將我拋上本書的論述之岸。繼而坦承何種音樂是我此生所夢，

1 Giuseppe Domenico Scarlatti（1685-1757），義大利那不勒斯王國作曲家、羽管鍵琴演奏家，被認為是一位巴洛克作曲家，但其音樂風格已受古典主義音樂發展影響。留下五百五十五首為羽管鍵琴而作的奏鳴曲和少數弦樂合奏及管風琴作品。多明尼哥的父親，彼特羅．亞歷山大．加斯帕雷．史卡拉第（Pietro Alessandro Gaspare Scarlatti, 1660-1725）也是作曲家，創作為巴洛克風格，以歌劇和室內清唱劇聞名。

2 François Couperin（1668-1733），巴洛克時期著名法國作曲家、羽管鍵琴音樂家，曾任凡爾賽宮皇家教堂管風琴師，享有盛名，人稱「偉大的庫普蘭」（Le Grand Couperin）、乃至「法國鍵盤音樂之父」。音樂風格高貴華麗。

3 Jean-Philippe Rameau（1683-1764），法國偉大巴洛克作曲家、音樂理論家，當時法國樂壇領軍人物，奠定重要的和聲理論，在自然音響體系的基礎上，創立了現代和聲體系與古典轉調程序。除留下具代表性的法式巴洛克音樂及歌劇之外，亦著有《和聲學》及《音樂理論的新體系》等。

4 Eugène Duparc（1848-1933），法國作曲家。一八七一年與聖桑等人一同成立民族現代音樂協會。作品中最重要的是十餘首藝術歌曲。這些歌曲具有強烈戲劇性與詩意，歌詞與音樂密不可分，乃法語藝術歌曲中不可多得之傑作。

5 Ernest Chausson（1855-1899），法國作曲家。曾在國家音樂協會擔任祕書，推廣法國音樂，並在經濟上支助年輕作曲家，如德布西。他主要受華格納與佛朗克（César Franck）的影響，以十年時間創作出華格納風的歌劇《亞瑟王》。其法文藝術歌曲洋溢細膩的法式氣質。

6 Jean Françaix（1912-1997），法國鋼琴家、作曲家，畢業於巴黎音樂學院，曾隨布朗傑（Boulanger）學習作曲。他是一位多產作曲家，音樂風格充滿機智與藝術內涵，和聲細緻，各部樂器表現清晰。許多作品為劇場表演、芭蕾舞劇和電影配樂而譜寫，風格清新，不僅具現代感，亦呈現古典的精緻簡約，被譽為法國新古典主義代表。

7 奧克語（奧克語：Lenga d'òc），或奧克西當語（Occitan，又譯「歐西坦語」），印歐語系羅曼語族的一種語言，主要通行於法國南部（特別是普羅旺斯及羅亞爾河以南）、義大利奧克山谷、摩納哥以及西班牙加泰羅尼亞的阿蘭山谷（Val d'Aran）。奧克語名稱的來由與他們本身語言的發音有關。由於中世紀時，他們

將「是」（同意）講成「oc」，而法國北部的人則講成「oïl」（再演變成「oui」），所以當時人們將兩種語言分別稱為「langue d'oc」（奧克語）及「langue d'oïl」（奧依語）。

8 馬庫斯．法比尤斯．昆體良（Marcus Fabius Quintilianus，約西元 35-100），羅馬帝國西班牙行省的雄辯家、修辭家、教育家、拉丁語教師、作家，是羅馬第一名領受國家薪俸的修辭學教授，也是著名的法庭辯護人。著作有《雄辯家的培訓》、《長篇雄辯術》、《短篇雄辯術》等，在文藝復興時期被廣泛運用。其教育思想受十五、十六世紀人文主義者之重視，對現代全面發展的教育觀點影響極鉅。

9 馬庫斯．圖利烏斯．西塞羅（Marcus Tullius Cicero，西元前 106- 前 43），羅馬共和國晚期哲學家、政治家、律師、作家、雄辯家。擔任羅馬共和國執政官；因其演說和文學作品，廣泛公認為古羅馬最頂尖的演說家及散文作家。其作品文學成就對拉丁語發展貢獻極大。演說風格雄偉、論文機智、散文流暢，奠定古典拉丁語之文學風格。

10 對基督教來說，五旬節就是《使徒行傳》（天主教譯《宗徒大事錄》）第二章中聖靈降臨早期基督徒之事件的發生日。根據記載，在五旬節當天，聖靈傾注在門徒身上，使門徒得到力量與說方言的恩賜，對別人傳揚福音。

11 普布利烏斯．科爾奈利烏斯．塔西陀（Gaius Cornelius Tacitus, 55-117〔約略〕），羅馬帝國執政官、雄辯家、元老院成員，著名歷史學家與文體家，主要著作有《歷史》、《編年史》等。有趣的一點，這位演說家的姓「Tacitus」在拉丁語中卻意味「靜默」。

12 庫爾提烏斯（Quintus Curtius），古羅馬歷史學家，著有《亞歷山大史略》。

13 伍茲塔克音樂節，又譯胡士托音樂節（The Woodstock Festival）或胡士托（The Woodstock），於一九六九年八月十五至十八日在紐約州伯利恆鎮白湖村附近舉辦，吸引了四十萬人次參與，公認為流行音樂史上重要事件，傳達了愛與和平的理想，堪稱搖滾樂史轉捩點、六零年代末期的文化試金石。「伍茲塔克世代」成了常見詞彙，象徵厭惡戰爭、追求自由解放及和平美好的一代。

14 Ombrie，位於義大利中心，首府佩魯賈（Perugia）。

15 Gubbio，義大利翁布里亞大區佩魯賈省城市，位於亞平寧山脈小山英吉諾山（Mt. Ingino）的山坡。聖方濟曾在此對危害居民的野狼講道，稱牠為兄弟，馴服了牠，使之與村民和平共處。

16 Assisi，義大利翁布里亞大區佩魯賈省城市，聖方濟誕生地。

17 Olivier Messiaen（1908-1992），法國作曲家、風琴家、音樂教育家，對調性、和聲、十二音列、鳥歌、希臘節奏、印度節奏等皆有深入研究，其音樂理論著作有《我的音樂語言》（*Technique de mon langage musical*）和《節奏、色彩與鳥鳴的理論》（*Traité de rythme, de couleur, et d'ornithologie*）。

18 卡爾．馮．林奈（Carl von Linné, 1707-1778），瑞典植物學家、動物學家、醫生，奠定現代生物學命名法二名法基礎，乃現代生物分類學之父。

19 Danaé，希臘神話人物，阿果斯國王阿克瑞希斯之女，宙斯情人之一與帕修斯的母親。預言說阿克瑞希斯一女的兒子將對他不利，因此他將達娜葉與她的保姆一起關在宮殿銅塔內。宙斯見到達娜葉後為其美貌所迷，趁她睡覺時化成一陣金雨與之交配。金幣意象可參考畫家克林姆以此為題的名作。

20 Nostratique，諾斯特拉語系是一個由某些語言學家所提出的語系，其中包括了許多歐亞大陸上的土著語言，如印歐語系、烏拉爾語系、阿爾泰語系以及南高

並將我拋上本書的論述之岸。
繼而坦承何種音樂是我此生所夢，

加索語系。通常也包含北非和阿拉伯半島的亞非語系、印度次大陸的達羅毗荼語系，此語系的具體構成因支持者而異。

21 Mézine，迄今為止最早發現的卍字符是在烏克蘭的梅齊恩出土的象牙雕像之上，其他已知最早使用卍字符的文化之一是新石器時代時的歐洲南部，也就是現在的塞爾維亞、克羅地亞、波士尼亞和黑塞哥維亞，那時是八千年前被稱為溫查文化的時期。

22 富拉尼人（Fulani，法文 Peul），非洲一個遊牧民族。

23 Naga，居住在緬甸東北、印度西北高山地區的原住民族，從前就以英勇的那加族戰士跟獵取敵人首級的傳統聞名。

24 Lusitanie 乃葡萄牙的古稱。

25 *De profundis clamavi*，《聖經》〈詩篇〉130 首的句子。波特萊爾曾以此句寫成一首詩，收錄於《惡之華》。

26 Portes de Fer，多瑙河中下游分野峽谷，位於羅馬尼亞與塞爾維亞邊界上，是歐洲最早有人居的地方之一，自古即為各國兵家重地。

27 Anaximandre（西元前 610- 前 546），古希臘哲學家，米利都學派，泰勒斯（Thales）的學生。他為了解釋水這種萬物之源的存在，而提出了一個新的概念：「無限定」（apeiron），認為一切事物皆有開端，而「無限」沒有開端。世界由它產生，又復歸於它。

28 Dmitri Ivanovitch Mendeleïev（1834-1907），十九世紀俄國科學家，發現化學元素的周期性，依照原子量，製作出世界上第一張元素周期表。

29 Explosion combinatoire，指由二個以上的有限多個子系統構成不同類別的大系統時，所構成大系統種類可能的數目，大幅超越原有子系統的數量，故以「爆炸」來形容。組合性爆炸的典型例子，就是「電腦語言」和「萬花筒」。

30 Averno，位於義大利坎帕尼亞區的一座火山湖，古羅馬人認為那是地獄的入口。

31 畢達哥拉斯（希臘語：Πυθαγόρας，前 580 －前 500〔約略〕），古希臘哲學家、數學家、音樂理論家。自他開始，希臘哲學開始產生了數學的傳統。畢氏曾用數學研究樂律，由此所產生的「和諧」概念也對古希臘哲學家帶來重大影響。畢達哥拉斯主義認為音樂的和諧與數字的美密切相關。

32 Rufus d'Ephèse（110–180〔約略〕），執業於圖拉真皇帝在位時，當時享有盛名，重要的功績是解剖學上的觀察。他清晰正確地描述了視神經的路徑、水晶體的囊膜，並已能辨別出神經發源自腦部，其中部分是運動神經，部分則是感覺神經。

33 Galien（129-200），古希臘醫學家、哲學家，其見解在後來的一千多年中支配歐洲的醫學理論。

34 Leonhard Euler（1707-1783），瑞士數學家、物理學家，近代數學先驅。在數學的微積分及圖論等領域皆有重大發現。一七三九年，歐拉寫下《音樂新理論的嘗試》（*Tentamen novae theoriae musicae*），書中試圖結合數學與音樂。

35 Joseph Fourier（1768-1830），法國數學家、物理學家，提出傅立葉級數，並將其應用於熱傳導理論與振動理論，傅立葉變換也以他命名。

36 Johannes Kepler（1571-1630），德國天文學家、數學家，十七世紀科學革命關鍵人物。最為人知的成就為「克卜勒定律」，這是後來的天文學家根據其著作《新天文學》、《世界的和諧》、《哥白尼天文學概要》萃取而成的三條定律。這些傑作對牛頓影響極大，啟迪他發想出萬有引力定律。

37 Jean-Marie Souriau（1922-2012），法國數學家，扭轉對稱幾何學理論（géométrie symplectique）先驅之一。

38 Erwin Rudolf Josef Alexander Schrödinger（1887-1961），奧地利理論物理學家，量子力學奠基人之一。一九二六年，他提出薛丁格方程式，為量子力學奠定堅實基礎。著名的「薛丁格貓」思想實驗試圖證明量子力學在宏觀條件下的不完備性。

39 Lucrèce（前 99 —前 55〔約略〕），羅馬共和國末期詩人、哲學家，以哲理長詩《物性論》（*De Rerum Natura*）著稱於世。

40 熵（entropie），希臘語源意為「內向」，亦即「一個系統不受外部干擾時往內部最穩定狀態發展的特性」。這個概念最早起源於物理學，用於度量一個熱力學系統的無序程度。在信息理論中，熵是對不確定性的測量，是接收的每條消息中包含的資訊的平均量，又被稱為資訊熵、信源熵、平均資訊本體量。熵愈高，則能傳輸愈多的資訊，熵愈低，則意味著傳輸的資訊愈少。不僅資訊科學，生物學和生態學也運用熵的概念。熱力學中熵表示「系統混亂狀態」。負熵即熵減少，是熵函數的負向變化量，是物質系統有序化、組織化、複雜化狀態的一種量度，是熵的對立，熵代表的是無序，而負熵則是有序。

41 古希臘語 κόσμος（kosmos），原義為「有秩序的世界」，為「混沌」（chaos）的對立觀念。

42 Nicolas Léonard Sadi Carnot（1796-1832），法國物理學家、工程師，人稱「熱力學之父」。卡諾在一八二四年發表了他唯一出版的著作《論火的動力及適合發展該動能的機器》（*Réflexions sur la puissance motrice du feu et sur les machines propres à développer cette puissance*）。這部著作提出了後來被稱為「卡諾定理」的理論，是建立熱力學第二定律時正式定義「熵」概念之重要基礎。

VERBE
聖言

誕生與讚美
NAISSANCE ET LOUANGE

自創世紀湧出一條音樂之河，
塑造並產生時間，
洪流滔滔，沿每個世紀奔淌。

Jailli de la Genèse, un fleuve musical,
modelant et produisant le temps,
descend les siècles, torrentiellement.

自創世紀湧出一條音樂之河，
塑造並產生時間，
洪流滔滔，沿每個世紀奔淌。

從〈創世紀〉所發源的空虛混沌中，浮現一陣微妙的音樂。復仇女先知們在這條音樂之河上點燃火焰，在〈雅歌〉中熊熊燃燒神祕的情色主義；流水被段落節奏分明的〈詩篇〉漩渦緩緩攫住，溫馴起來，隨後，在聖母訪親時節[1]，洋溢狂喜，興高采烈，浩浩蕩蕩；它鋪滿整片蒼穹天頂，榮耀崇高地占據鄉野，救世主誕生之夜；於是，奏樂天使們離場，把位置留給聖言。然後，在五旬節的早晨，風與火，透過形形色色的多種語言，分散水流，形成一片廣布上千支流的三角洲。

從混沌朝音樂前進，從音樂到言語，然後再到知識，這條音樂之河繼續流向愈來愈大量的信息。

世界之童年

起初是一片背景雜響：空虛混沌，拍打震盪，凌亂水流的波動起伏。靈的氣息吹拂在這片偶然上方。現在，請聽這陣風如何將無序梳理得井然有序。

每一節的最初，**神說**；然後祂說了將近十次。句子這麼寫：**一個晚上，一個早晨，第幾第幾日……**六段詩，各以不同的數字結尾。這六段詩，經常，重拾一模一樣的句子：**神看著是好的**。這三段疊句副歌，不僅節奏清楚，還更上層樓，幾乎直接重複，類似**返始奏法**，往前往後，涵蓋好幾幕區別的動作：自黑暗提煉出光線，上層的水從下層的水中升高，依據類別散布播種，太陽揮別夜裡的月，飛鳥遠離魚，人比動物高等……總而言之，圍繞被區分出來之物的，反覆重彈的老調，永遠不變，重新平衡被打斷的平衡。

剛才我為音樂——還有生命，世界，以及存在——所下的定義，不是別的，正是這種密密麻麻的波盪交錯。這些波動，彼此相似，不斷重來，回到自身，為了補救，提升，維持，圍繞，重新穩定……上百項平衡偏差。若不去描述這百個緊箍住多種瘋狂變動，阻止它們四處亂散的不變之環，如何能談論諧和、旋律？世界的存在從與音樂相同的渦流開始，源自這穩如陀螺儀的圓規。

而時間又算是什麼，若非這可逆與不可逆的組合？

規律的詩節切割〈創世紀〉的開端，彷彿，在形式上，這屬於一首聖歌或一首詩，不僅如此，其敘事內容本身更不斷重複所有樂譜的兩個主要因素：對稱，不對稱；偏差，穩定；和諧，非和諧；變化中的不可變。那氣息，靈，如狂風陣陣拂過隨機偶發之水面最初的嘩啦聲響，播撒一行行波潮，拖曳的長浪。最初？時間的創造。世界誕生之時，有波。

創世紀？序曲。作品？*Opus*，opéra（歌劇）。宇宙？複調音樂。造物主？譜曲神。

洪流滔滔，沿每個世紀奔淌。塑造並產生時間，自創世紀湧出一條音樂之河，

就像這樣，音樂表達出世界一種原始的秩序整理，在此，那是畢達哥拉斯和聲的閃族版，或更甚，面對混沌的熵作用，那是原始的信息：是的，那是最初的物理。

所以，哇哇大哭的新生兒，透過哭聲，調整淩亂無序的感知秩序。

聖言的童年

在成為孩童以前，昔時，兩股來自腹中的吶喊，兩道聲音，歌頌著神的化身，肉身聖言，以一份曲譜頌揚與奧菲斯或與我相同的攀升或墜落過程，目標是話語，歌唱和音樂最細緻的組合。此事發生於傳統上稱為聖母訪親節（Visitation）的美麗會面。

聖母領報[2]時，情願以身體接受聖言，於是懷了祂的種。之後，輪到瑪利亞出發旅行，為了去拜訪住在山裡的表姊，以利沙伯。以利沙伯當時亦懷著施洗者約翰，他的年紀比耶穌稍長。身為先驅者，這位約翰比救世主更早進入荒漠曠野中生活，宣告祂將降臨，最後為祂施洗，故得此名號。

表兄弟兩人皆被社會謀殺。

一進表姊家門，瑪利亞就上前問候。**以利沙伯一聽到瑪利亞的問候，胎兒就在她的腹中跳動，以利沙伯也被聖靈充滿，大聲呼喊說：妳在婦女中是蒙祝福的，妳腹中的胎兒也是蒙祝福的！……看哪，原來妳問候的聲音一傳入我的耳朵，胎兒就在我的腹中歡喜跳躍。**（路加福音 1：41-44）

瑪利亞以〈尊主頌〉回應：這次輪到她唱出心靈滿腔的喜悅，引領她讚頌主的偉大；她自己的血肉亦因歡欣之情輕顫，喜出望外，興高采烈，唱起她的聖歌詩篇。

這一切進展過快，所以我來詳述細節。有那麼一瞬間，宛如電流短路，在此，湧出一首精準的震顫洪流滔滔，沿每個世紀奔淌。
塑造並產生時間，
自創世紀湧出一條音樂之河，

六行詩。**一**：會面之後，聽見了問候以後所發出的呼喊，與母親耳朵聞聲吃驚之間，出現第一次同步反應；然後，**二**：腹中胎兒立即跳動。這血肉之顫與聖靈充滿之間發生第二個同步反應，此為**三**。以利沙伯聽見問候，感受到約翰，她的孩子之存在，大聲呼喊，並說了一段話。不僅如此：她的祝福之語說得很好或說出了福音；於是，呼喊有了意義，此為**四**。簡而言之，以利沙伯感到問候的音波，**一**，然後感到顫慄跳動的孩子有節奏的波動，**二**；聖靈充滿她，**三**；她大聲呼喊，並且，隨即說出瑪利亞以及她腹中的胎兒皆蒙祝福，**四**。音響，振動，神靈，意義。從這各式各樣的情緒中，首先，誕生了口說之言，我指的是以利沙伯所說的話與吟唱的歌：**妳腹中的胎兒也是蒙祝福的**，然後意指救世主耶穌本尊，此為**五**。藉著喊聲所發出的聽覺震撼以及腹中胎兒情緒化的跳動，這由五個聲音所形成的階段建構意義，歌唱與聖言。而且，如同回響似地，瑪利亞亦融入節奏，以高調的音樂，展開她的聖歌詩篇：此為**六**。

她唱出洋溢喜悅的心靈：*Magnificat anima mea*……（我的**靈魂**讚揚……）靈思攀上顛峰：*exultavit spiritus meus*……（我的**心神**歡躍……）在那樣一個迅速又滿

載美妙的時刻，為我那緩步推進的微小理智，透過傳說與科學，以希臘語或音響的語言，至此辛苦描述著的，呈現出一個完整總結：亦即一段攀升，一段下墜，一次層層疊疊、組合混編的多重共振之發端……其性質起初是實質的，物理的，振動的，振盪的，有血有肉的，軀體的，母性的，音樂的，唱詩般的；然後承載了意義，最後達到崇高卓越。在此形成一條兩人同行的昇華之路——依舊屬於女性——從活生生的實物走向話語，從硬走向軟。同樣地，還有一條下坡之路，從緊實的肉體走向輕飄的言詞。

的確，相較於所有自然的運動，我的意思是，即將誕生的，自然——「神即自然」（*Deus sive natura*）[3]，這個說法將誕生出聖言，神聖救世主——；在此，母體的運動，子宮的運動，我會這麼說，透過其振動，經由連續六柱昇華的管道，催生出一聲呼喊，一份祝福，一首聖歌詩篇，音樂，話語，最終獲得意義；哪有比這更好的進階之路？早於誕生的浮現，自然的新生，意義前端的消息，聖言降臨的消息，換言之，就是佳音好消息。

洪流滔滔，沿每個世紀奔淌。塑造並產生時間，自創世紀湧出一條音樂之河，

我滿心喜悅，等不及想隨著六段波動的連續脈絡，再次走上這條源源不絕的道路，重新經歷每一項細節，享受更深刻的體會。於是我聽見：首先，相遇時的問候；然後，一陣狂熱仰慕的顫抖——我稍後會說明為何選用狂熱仰慕（enthousiasme）這個說法——，一種來自腹部深處的親密觸動。情緒觸動（é-motion）這個字眼清楚顯示一個動作，一種血肉中的血肉之振動，一股震盪，最初的跳動：胎兒約翰開始有了生命，活在他自己即將出世的體內，也在他的母親以利沙伯的體內；同時，在他母親的意識內，他也開始有了自己的意識。而從這起動念（motion），從這觸動（é-motif）的動作，且讓我這麼說，浮現出（é-merge）某種其他的東西。

什麼東西呢？一聲呼喊，一聲母性有意識的呼喊，幾乎即時發生，彷彿源自胎兒的動作。觸動，硬實的、血肉之軀的實質動作，在從那兒發出的頌唱中變得柔軟。那甚至是三重觸動，因為，呼喊之後，聖靈便將她充滿：從聲音的振動變為神靈的氣息。甚至可說是四重觸動，因為，接下來有一段發言，而且是祝福之言……是的，一道階梯就這麼豎立起來，從物質的機制，母體的機制——無論對惰性物或活性物，

用的都是同樣這個字——從顫慄、堅實且有血有肉的輕顫，通往可聽聞的柔軟祝福。亦即無意義的振動信號朝聖靈充滿的狀態進展。這就是那條路徑。

以音樂的形式，我們將可聆聽之。

因為，以雙重面向，一正一反，狂熱仰慕這個說法發揮了其最完滿的意義；既然，在瑪利亞腹中，聖言本尊，也就是耶穌，靜臥茁壯；祂不僅是發音、話語及意義合成的語言，更是神性之言，救世主，或又稱神子（Enfant-Dieu）。狂熱仰慕：在神之中——*en theos*，εν θεός——，在腹中，子宮中（matrice），物質中（matière），沒錯，仍是同一字根……也就等於聖言造出血肉。以利沙伯胎兒的觸動催生母體發出一聲呼喊及祝福之語，而且複製在瑪利亞身上，但是以另一種節奏，重新唱起一首新的歌謠，並發展成詩體，做出回應，一行一行，節奏分明。

聖母領報：聖言轉化成肉體。聖母訪親：肉體昇華為聖言。

胎兒之動：完全稱不上是叫聲，亦非哇哇啼哭，而是初期組織的胚胎運動：也不再可說是真的屬於世界的某種事物，而是一種可能，從某種物質運動、某種觸動湧現，也就是一種潛能，一份許諾，一個未來，一段將臨期（Avent）。

洪流滔滔，沿每個世紀奔淌。
塑造並產生時間，
自創世紀湧出一條音樂之河，

在今日，我們可能比較願意這麼說：身體內，的確，有許多振動著的碳原子或氮原子湧向生命體、DNA 或心臟的跳動，以便最後能傳達神經元的信號、語言、意義或靈魂，愛怎麼稱呼，隨各位高興。

血液，精子，皮膚細胞，被我們簡約成根源，冷凍的胚胎……今日被我們隨意操弄的一切，無法再以惰性物名之，卻也尚稱不上活性物。所以，這些中間物質，若不視之為從世界萬物湧出的潛力，換句話說，也就是能量，又該如何稱呼它們呢？能量物質，適合轉變為行動？過去，在我們進入科學與實驗的領域以前，在我們得知 DNA 本身的形狀像一條振動的繩索以前，這些可能性許諾了什麼新意？

在此，聖母訪親的敘事宣告了一個意義，來自腹中的動態，並噴湧出來，十分高亢，沖向備受尊崇讚揚的心靈或狂喜的神魂。這條上升大道，從地獄往上爬，走在愛妻前面的奧菲斯，錯過了……有一天我們能成功抵達嗎？這條綿延的音響之路，沒有任何認知理論曉得如何建造……有一天我們真的能成功抵達嗎？

在此，成功了。兩種軀體的振動，孩子的與兩位母親的，使好幾起喜悅的共振同時浮現：祝福，音樂的節奏，話語，以詩斷句，聖歌詩篇，聖靈的氣息，心靈的狂風。我的靈魂讚揚：偉大的心靈，透過源自母體喉嚨的頌唱，誕生於詩篇聖歌的開端。

瑪利亞讚美主

現在讓我們來聽音樂：這首聖歌，重拾〈撒母耳記上〉開頭中哈拿（Anna）的禱告。如此來自腹部的女性歌聲前所未聞，堪稱最動人的詩篇之一，而它迴旋似地一再循環，究竟重複著什麼？為了回應，以利沙伯的腹內，先驅者約翰的跳動，這首歌亦輕顫振動：**低的部分**，凸顯使女的卑微；**高的部分**，強調未來子孫將捧奉給她的真福；她自身**渺小**，但神為她成就出**偉大的事；那狂傲的人正心裡妄想就被祂趕散了。祂叫有權柄的失位，叫卑賤的升高；叫飢餓的得飽美食，叫富足的空手回去……**按著節奏，搖晃著隆起的腹部，歌謠重現胎兒肉體的振動，頌揚其無遠弗至，卻還充滿了一種深刻累積的意義，模仿了波動的高深久遠：上至卑賤者的巔峰，下達狂妄者的深淵。

Jailli de la Genèse, un fleuve musical, modelant et produisant le temps, descend les siècles, torrentiellement.

自創世紀湧出一條音樂之河，
塑造並產生時間，
洪流滔滔，沿每個世紀奔淌。

〈尊主頌〉。振動，波盪，正弦曲線，有節奏的物理性運動……關乎情緒的觸動，胎兒的軀體組織，孕母喉嚨發出的呼喊，一行行、一節節詩篇之句；於是，透過音樂之閘，這種運動進入意義的層次：精神上的，理智上的，法律上的，政治上的，甚至是革命性的，最後，更具有福音傳道的意涵。模式相同，脈衝頻率相同，但波峰與波谷放大至壯觀宏偉的規模。

雙倍的觸動與振動，胎兒與兩位母親的血肉衍生出聖言，雖當時還不能言。在直接發出呼喊與祝福之後，情緒觸動拋出一種節奏，溝通回應，起音唱出一首節奏分明的歌，歌曲的意義擬仿節奏的行進。於是，這道階梯，按著韻律，向上攀升，飛向上帝。

詩篇的音樂：搖盪，顫抖，觸動的情緒融入一節節詩句，數量與比例，數字與編碼，卻沒有人真的去數算。聖歌：歌詞的特殊含意仿效這些運動的節奏，起初是物質的或有血有肉的，接下來到了最後，則變成意符（signifiant），指高指低。使女之興高采烈，飢餓者之得飽美食，皆是卑微者的平反。

所以，聖言，上帝本尊，降臨人世。血肉的振動，呼喊聲波之浮現以及同樣具有節奏的，其言詞之意義的誕生，透過三者間連結出的捷徑，神祕的化身之謎（Incarnation），稍稍明朗了些。

做為尾聲，〈尊主頌〉歌頌神的訊息是一條向上的康莊大道，從這面平滑、空白、全無意義的蠟板開始，歌頌其豐盛圓滿；藉著一種完好如初的介質規律振動，吟詠文字與意義之興起發揚，甚且，**將肉體這項物質所觸發的情緒運動，化為音樂**。

如此一來，聖母訪親將血肉轉渡成了聖言。

貞女，聖母，**純潔無瑕**的這兩個字眼，代表什麼意義？一面平滑的實質蠟板，尚未刻寫，未曾雕琢，未留刮痕：無訊息的介質，無字句的蠟板，無邪貞潔的女人。這光滑的蠟板，沒有記號，沒有痕跡，沒有汙點，令啟蒙時代的哲人們著迷不已，專注追求一面完美的蠟板，渴望擷取所有空白版面即將接收到的一切：語言，意義，聖言，知識，人性……他們是否為聖言無瑕疵這份觀念描述了一個無神論版本？

總而言之，我們是否可以把路徑敘述描繪得更精準、正確、新鮮且歡樂，以懷胎孕育生命為起點，邁向話語的產前時期？**兩種孕育**：第一種著重於軀體的、血肉的系譜，如生化物質一般冷硬；第二種則伸張認知理解，如情歌一般柔軟，如何能更妥善地將兩者相提並論？今日的認知科學是否講述得同樣仔細，而且更加明確？

整套運作程序皆浸淫於音樂之中。

先驅者

洪流滔滔，沿每個世紀奔淌。
塑造並產生時間，
自創世紀湧出一條音樂之河，

感動：騷動於我身，我身（男身或女身）懷有聖言或孕育其祖先，我已衰老的肉身深處無歲無齡，那兒有個孩子蠕動，還不會也不能說話，還不會也不能喊出他的痛苦、快樂、無所依靠的焦慮、他的渴望、他的喜悅……由於他處於言語的荒漠。我所有的情緒觸動皆從那個孩子親密的顫跳噴湧。這些情緒見證了，在我體內的無明幽暗之中，存在這麼一個無齡的生靈，一直都在，無語無言，仍然一直耳聾默啞。訪親，宛如霹靂：在這個女子與我之間，兩個孩子，出生以前，即坦承自己的存在；兩場懷孕與兩股靜默的運動相互碰撞。

彷彿我懷著他，彷彿她也懷著同一個或另一個，無所謂。彷彿，小小的他，以我大人的身體和衰老的年紀，活著，顫跳，挪動，振動，輕抖。在我的體內，有一個嬰孩（in-fans，無語言能力者），是的，一個啞嬰，尚無聲音，沒有音樂也沒有咿呀學語，無法說話、表達、溝通⋯⋯只不過是光禿禿的肉身，深陷、受困、凝結在組織與血混成的黏稠蠟膏之中；窒息、淹沒在一副才剛現形的幼小身軀中。於我自身騷動著這準備啼哭的娃娃，生於胚胎期的長夜，來自母親孕體之闇黑，物質的，先祖的，史前時代的，遠古人類學之闇黑⋯⋯被封喉於遺忘的黑盒子裡。

深深地，埋藏、鍊鎖、禁錮於我體內的陰森暗影中，這無言無語的孩子只能揮動、騷動，只能因恐懼而發抖，為不安而顫慄，因狂熱仰慕而哆嗦，被情緒運作波動。要不然，沒有語言能力的他能怎麼辦？他因顫抖而動，我感覺到了。早於聖言出現，先驅者如何表達？在暗影中，他動了身體，在言語的荒漠中，在孤獨的可怕枯旱中、愛的匱乏之中，他放聲吶喊。他只能騷動，盡力去動作，去觸動情緒。後來，言語將為這些情緒區分顏色或類型；再後來，狂妄傲慢的道理，將取得發言，將他遺忘。是的，還砍下他的頭。誰竟砍斷了言語先驅者的脖子？

帶著大地的謙卑，我呼吸我顫抖肉身的風，水，土與火，賴以為生。所以，我將在何時初次體驗饒舌多言？我笨拙又會走音，不懂如何表達。我曾經寄了一封信給艾曼紐 · 拉伯里[4]，她是《海鷗的叫聲》的作者——我這麼做就好像，比我還早，她已先明白必須從動物的呼叫出發——，告訴她，其實她很幸運，與她那些被奪去所有聲響的聾啞親人共處時，她還能用肌肉和雙手來「示意」；但是我，土生土長於長舌多話的國度，在懂得語言之前，該如何表達？於是，我只能感受情緒，情緒波動，顫抖，發出呼喊。

情緒：在我雄性的體內，騷動著這麼一個孩子，他尚有障礙，卻是預告者；他始終低賤，卻是先驅者；他還披著獸皮，像一頭動物，在荒漠中叫喊，卻已衝進、甚至已經投入聖言那條較平坦的道路。先驅者，他是話語的預告者。

洪流滔滔，沿每個世紀奔淌。
塑造並產生時間，
自創世紀湧出一條音樂之河，

正如先知〈以賽亞書〉上所記的話——**在曠野有人聲喊著說：預備主（聖言）的道，修直他的路！**

一切山窪都要填滿；大小山岡都要削平！彎彎曲曲的地方要改為正直；高高低低的道路要改為平坦！

凡有血氣的，都要見神的救恩！（路加福音 3：4-6）

同樣的隆丘，同樣的低窪，與女性的〈尊主頌〉

同樣的男性波形起伏。我的情緒感覺得到，也已隱約辨識出，這首意義深重的聖歌傳出的振動、擺盪以及節拍。在聖言來臨之前，在我得到話語能力以前，在我身上——此時我名叫以利沙伯——，先驅者顫動、跳動、騷動了；接著，出生之後，他開始呼喊。開始在聖言以前和面前呼喊。我——現在我名叫約翰——我遇見了祂。

受困於沉默監牢中，我開始搖晃條桿，透過我的叫喊，模仿它們血肉柵欄的振動聲響。身為施洗者如約翰，並且如他一般，身為聖言的先驅，我的軀體在一個意義貧瘠，無話可言，沒有道路通往任何方向，朝向任何目標的空間中，呼喊著。在這座荒漠中，整體的地勢起伏運動千變萬化：高處，群峰；低處，溝壑；從左邊的西方湧向右邊的東方；情緒浩浩蕩蕩。同樣地，千百種，本地的，微型波動亦變化多端：路徑上的碎石，從我的胃、心臟、胸腔、血脈和腸道散出的熱所發出的背景雜音再產生的不協調又沙沙刺耳的細響，空虛混沌，混亂的狀態，仍牽絆著尚未誕生的聖言。我的情緒精準地隨著這兩種波動起伏：雙手的顫抖，皮膚上的雞皮疙瘩，脈搏的跳動，噓噓氣喘，種種精細的小型波動；再加上軀體大規模的激動，我發慌，狂奔，不管奔向何方……遍地碎石，高山峻嶺。

所以，音樂：浪顛之上，欣喜的浪潮能將我托到多高？崩塌到多低，到深遠火山錐的哪一點，焦慮不安之塌陷終會將我掩埋，永埋一座深淵或深谷之底？節奏，歌唱，詩篇。瑪利亞剛親口讚揚的那一位，正好，祂削齊權能的高峰，填平卑賤者所居的深井，讓富人破產，飢餓的人得飽美食。所以，在我飄搖的心靈中，誰來填平這些塌陷的窪地，削平這些瘋狂的高峰？誰來刨除這擔憂焦躁的細節，繁瑣如沙？公眾之中，誰來平息不公不義的洪流？只有聖言，幸好祂透過這音樂突然降臨；只能靠將無意義格式化，指派一則意義、指派一個方向之舉。

先驅者開始刨除這些在聖歌〈尊主頌〉中已描述過的動盪。意義，先前我說它這樣出現較好：經過了千變萬化，經過了這些意義上的動搖不決，它即將在改變之中到來。而聖言將說正確與真實之事，山丘，壑谷，蜿蜒，崎嶇，高低起伏，變化中的不變真理，或這些不穩定帶來的穩定真相。祂從這音樂浮現，又教人忘卻這音樂。

洪流滔滔，沿每個世紀奔淌。
塑造並產生時間，
自創世紀湧出一條音樂之河，

我為先驅者們的命運悲劇哭泣。他們心生預感，公諸於世，在荒漠曠野中吶喊，但這裡沒有任何人聽得見或願意傾聽他們前所未聞的音樂。他們不僅始終沒沒無聞，而且更糟的是，當遭他人盜取，因而變得唾手可得的創作問世，它將以自身燦爛耀眼的光輝，遮蓋並抹滅其先驅者們的所有預言宣告。經由涓涓細流，接收了上游的活水，盆地的泉源反而超前。下游反被拱上山巔。

施洗者約翰的一生講述的正是這樣一場悲劇，歷史書籍皆三緘其口，不提他那平凡的，無關緊要的，或屬於真實科學的人生。當已被格式化、乖順有序的新發現開始大放異彩，先前鋪設的道路便皆消失、死去。沒有人會再看它們一眼，一如從來沒有人曾聽見宣告的聲音。發出那則佳音的嘴巴、喉嚨，皆被當時的國王下令割斬。僕人端著一面銀盤，將約翰被割下的頭顱獻給當權者，他的發言權亦被砍斷。音樂緘默，莎樂美不再跳舞。

當我們初學說話，當最初的歌唱即將從我們的齒間浮現，這些意氣風發的公開聲明從此像一面厚厚的簾幕，永遠地將促成歌聲奇蹟般浮現的嘗試盡數遮蔽。什麼樣的關連可能維繫著我們的天賦的音樂，神賜的話語，嚴謹的理性，與世界的種種雜響：海潮的低語，樹葉間的風聲，動物的嗚啼吼叫，腹中胎兒的情緒波動，酒神女信徒的叫嚷和產婦因狂熱而激昂搖擺的嘶喊？什麼也不能。

在奧菲斯的故事中是傳奇，然後，在訪親時成了博學知識，至少，給人希望，充滿宗教情懷，隨即成了洗禮聖地，我在此書中所描繪的這條道路為先驅者們伸張正義。獻給塞麥爾維斯[5]，阿貝爾[6]，加羅瓦[7]，孟德爾[8]，波茲曼[9]，韋格納[10]……等等從諸多遭遺忘的人們中浮現的少數，每一位皆是被砍了頭，砍了音樂，砍了言語的施洗者。

洪流滔滔，沿每個世紀奔淌。
塑造並產生時間，
自創世紀湧出一條音樂之河，

聖言隨一位歌詠尊主的童貞孕母及一位竭力吶喊的先驅而至。言語接替來自生命，情緒，血肉有節奏的波動及荒漠曠野中的喊聲。腹中懷著未來將立言的聖言，瑪利亞在表姊面前及之後歌唱，而以利沙伯的腹中則懷著跳動了一下的吶喊者：聲音發生於動作之後，意義出現在音波的運動之後；公正、律法與政治的理念，接續音樂之後而來。

誕生之後，這兩個孩子終於面對面相見：先驅在荒漠曠野中吶喊，但求誰來為他削平尖銳的、痛苦的或纏擾不堪的刺；而聖言，終於，即將發言。先驅者的頭被砍下，一旦聖言開口，就再也沒有人需要他，再也沒有人明白他的任務。橫空出世的人事物抹去來時路跡。理性逐漸運作，令人忘卻情緒。言語排拒情緒。文化忘卻自然，而自然為文化的產生領路。民族（nation）——這個字的字根，清楚說明了各民族皆是自己生成！——忘卻地球生境。知識忘卻其根與愛的狀態。我們天南地北所講的內容皆忘卻為它們鋪陳的音樂和詩篇。在如今的各種科學中，所有先驅者的這些運動，所剩幾何？用辭不達意的文字，我試圖陳述言語的先驅者：動作著的，觸發情緒的，詠詩般的，音樂性的先驅者們。

為了重新找出情緒如何以先驅的身分運作，最好去讀這則佳音，讀它非概念式的敘事，它的吶喊、呼喚及有節奏的詩篇，而它的晦澀其實透明，誠如我們情緒澄亮的淡影。

女人，男性與小孩

女人，如此善於談論她們自己的女人，總把動情落淚或因無能訴說乃至失去知覺的男性當成小孩看待。女人，以利沙伯和瑪利亞懷了兩個男孩，暫時啞默的嬰孩。

男性，較善於討論事物的男性，總把不在乎世界的女人當成小孩或小東西看待：芳婷（Fantine），珂賽特（Cosette），在那對平民之事頭腦清醒卻被馬赫主義[11]矇蔽的雨果筆下，真正悲慘的兩個人物。

兩性之間的合成：兩個女人的訪親，懷了兩名男性的兩人；然後，荒漠之中，先驅與降臨人世的聖言，純男性的相遇。這兩幕神聖的場景，出場者有四人或兩人，我們人人皆在世俗的日常或人生特殊時刻中經歷過。我害怕，我焦慮顫慄，我憤怒得發抖，我因渴望輕顫，我默默而孤獨地哭泣……我們的情緒自動模仿血液、脈搏、呼吸與氣息，筋肉與體質的運動，在我們身上的那個孩子，一出生就能發出哭喊。他在意義的荒漠中哭喊，缺乏方向與指示；以雙重之軀，小孩和大人一起，我們的身體動起來，混亂無序，隨應無意義的偶然。他哭喊痛苦也呼叫希望。

洪流滔滔，沿每個世紀奔淌。
塑造並產生時間，
自創世紀湧出一條音樂之河，

此時音樂介入：在軀體或嘴巴的勁實動作與從這張柔軟的口中所發出的意義之間，音樂創造、盤踞閫室，閥門開開關關。隨高尖與低沉而振動……歌謠，聖歌詩篇，先知的預言詩……因狂喜與謙卑而振動……以旋律，平緩軀體這些隨機發作的騷亂，修整其中各種運動，終於能將喊叫轉化成為滑順的話語。

音樂，請解脫我們的痛苦。音樂，請釋放我們情緒中的喜悅。

懷著先驅者的以利沙伯呼喊；孕育著聖言的瑪利亞，抑揚頓挫地吟唱她的〈尊主頌〉，已談及她的心靈，這則懇求，輕盈如空氣，悄悄鑽入風與意義之間。面對降臨人世的聖言，先驅高喊，並開始歌頌；他歌唱自己在荒漠曠野的吶喊，唱出這荒漠的呼喊，沒有意義的，情緒性的，充斥粗糙雜響及高低起伏的叫嚷，如何在平滑流暢的話語中修磨整齊。

磨平了之後，來自動態物質以及感觸發作的肉體，頑強的無理性化為音樂，讓位給節奏、歌詠、詩歌，意義之柔軟，讓位給話語這神妙的柔軟性。

聖言化為肉身：的確，製造言語，甚或帶有意義的信號，卻不伸手，也不張嘴；聲帶音波共鳴，身體卻不跟著承載訊息，誰能辦得到？沒有血肉即沒有聖言，沒有不需任何載體的意義顯現。透過喉嚨、牙齒，或風格的標記，我們表現言語的堅硬，透過聽覺或眼睛，則傳達語言符號的柔軟。更深入地說：雄辯口才承載語言和意義，但若不以弱音悄悄召集生靈之聲，不喚來世界之雜響，就永遠難以盡臻完美。於是，它與普世音樂協和同調。

在這些念咒般的頌唱之下，音樂使這場化身變得更加敏感：意義在此不再作響，至少已零散四處；其聲近似人子肉身的悸動與怨嘆，也近似動物的，如汪汪犬吠或唧唧蟲鳴；並且潛混在林木樹冠的葉叢輕顫中；甚至謙卑至極，所演奏的別無其他，僅是颸風、旋風、龍捲風的貫耳雷鳴，迴盪在鐘樓裡銅鐘組的轟隆振響。音樂潛入世界背景雜響，有時因而毀損。

洪流滔滔，沿每個世紀奔淌。
塑造並產生時間，
自創世紀湧出一條音樂之河，

與其說音樂得誰化身，不如說是從地球之水陸形成，既然它緊繃實在如弦線，如牲畜的腸管，如一面銅盤，深入地球種種金屬中，散發種種波。然而，氣息之波發出聲響不似上述固體那般堅實生硬，暗示著那濃醇甘美的心聲，在熄滅意義之光的同時，軟化了意義之精確性及真實性上的方正稜角。

的確，為了表達某種事實意義，一段言詞或文章，隨著一道四重過濾的程序，會變得柔和或細膩講究。透過兩套端正形式的規則，文法淘汰了不構成意義的部分：構詞法（Morphologie）正確連結字彙中的每個字母，句法（Syntaxe）則正確連結子句與句子；接著，藉由某種邏輯，避免曲解原意；最後，精細巧妙的設定消弭不實的意義。

音樂不具言論意義，這種說法的用意僅在於確認它避開了四道過濾程序中的三道。作曲不可能無意義：誠如數字或編碼，而且與字母相反，音符有聚集性，永遠不會遭遇惡名昭彰的不相容問題。因此，樂曲音符、數算的數字與信息領域的位元或像素之間有緊密的親屬關係。再者，音樂組成中沒有任何求真的邏輯會淘汰謬誤的意義。不過，敏銳的聽覺，倒能聽出錯誤：無論是聲音或樂器沒發出精準的音高，或七和弦破壞了和諧，或表演者們演奏得太快、太慢，或太用力，以至將樂曲摧殘殆盡。不實意義過剩過多。四道過濾，只剩一道。

這麼一來，音樂近似意義，但相近的程度如此細微渺小，所以它仍滯留在等候區，不耐煩地跺腳；它在等待中振顫，時時刺探意義的意向，在意義的荒漠中吶喊，為之哭泣，為之抱憾，呼喚意義，試圖誘惑它、刺激它、逗弄它、召喚它的精髓，向它祈求，哀哀乞求，期望它降臨，像一名嚎啕大哭的嬰孩，想說，卻不知如何說。懷著意義這個孩子，未經意義沾染的音樂貞女，等待它如同等待救世主，不斷慶賀著聖言即將降臨，為祂準備床褥，輕推搖籃，但願能以甘松為祂薰香，造訪祂的屋子，點亮祂家中的爐灶，並且，以使女自居，布置餐桌，擺上祂化為肉身的麵包與酒。

但等待的是哪種語言，哪種意義？我們是聽眾，是表演者，甚至是作曲者，卻不會、也不能猜測出來。或許連它後來出現了也認不出來。音樂如同始祖根源，所以孕育了所有想像得到的意義？是的，意義所有的可能性。**不是這個字或那個詞，而是聖言。**音樂是女性，懷有身孕，貞潔處女，言語意義的潛在母親……腹中懷著先驅的文章或等同行為的話語。

洪流滔滔，沿每個世紀奔淌。塑造並產生時間，自創世紀湧出一條音樂之河，

作家從意義朝音樂鑽研，因為他所寫的無聲地指出他永遠說不出口的；他書寫意義，為了盲目地向意義出現之前的空間示意。所以他平行書寫（sous-écrire）音樂，用文字，能說出幾百萬種音樂的真實面貌。另一方面，哲學家則緊緊糾纏意義的一切，並試圖用好幾種身分發言。因此，他有易怒傾向，容易不耐煩，由於詞彙太貧乏、太單一，最終與言語漸行漸遠。他滿腔熱情，亦刻意接近音樂，接近這口湧出形形色色各式各樣可能意義的漆黑深井。而就在這對

著模糊不定敞開的井欄下方，神祕的希望相遇。

以利沙伯與瑪利亞。

基督的童年

瑪利亞剛產下孩子。

在伯利恆之野地裡有牧羊的人，夜間按著更次看守羊群。有主的使者站在他們旁邊，主的榮光四面照著他們；牧羊的人就甚懼怕。那天使對他們說：不要懼怕！我報給你們大喜的信息，是關乎萬民的；因今天在大衛的城裡，為你們生了救主，就是主基督。你們要看見一個嬰孩，包著布，臥在馬槽裡，那就是記號了。忽然，有一大隊天兵同那天使讚美神說：

「在至高之處榮耀歸與神！在地上平安歸與祂所喜悅的人！」

眾天使離開他們，升天去了。牧羊的人……急忙來了，就尋見瑪利亞和約瑟，又有那嬰孩臥在馬槽裡……牧羊的人回去了，因所聽見所看見的一切事，

正如天使向他們所說的，就歸榮耀與神，讚美祂……（路加福音 2：8-16）

洪流滔滔，沿每個世紀奔淌。
塑造並產生時間，
自創世紀湧出一條音樂之河，

約翰．賽巴斯蒂安．巴赫，當然有；海頓和韓德爾，也許有；蕭邦和佛瑞，偶爾有，皆曾度過一段譜寫讚美曲的迷人生涯。**要用角聲讚美祂，鼓瑟彈琴讚美祂！擊鼓跳舞讚美祂！用絲弦的樂器和簫的聲音讚美祂！用大響的鈸讚美祂！用高聲的鈸讚美祂！**（詩篇：150）。他們如此營生，我的意思是，贏得他們的身體與心靈：慶賀，讚美，尊崇。我尚未贏得我的人生，我的意思是，贏得喜悅、身體與幸福，讓我墮入這讚美的甘泉中。

頭腦與雙手皆被綑綁，處於這樣一個世界：屈服於猜疑、批評、告密、責備，審查與憤慨，毀謗與汙衊的既定套路，抨擊時的苛薄諷笑，酸苦的祈求赦免和卑躬屈膝；屈服於投入軍武的、好鬥的、好吵的、好戰的、好挑釁的神聖職責；讚揚，多麼平緩而寬闊的呼吸！是的，若為我的健康、我的幸福、我的喜悅與他人的喜悅著想，我拖了太久才展開讚美。

但是，讚美哪個人？當然是最心愛的那個人。不然有誰好讚頌呢？在為他譜寫音樂以前，在當成敘事曲的尾章送出以前，我必須仔細檢視這份榮耀。由於這頂光環，我的人生經歷許多驚險。其他任何關於存在、事物與人的實驗，皆不可能給出更嚴謹的結果。世界所有不幸皆來自它，只因為它，無一例外。因為它，羨慕與嫉妒、怨恨、衝突與不滿源源不斷；因為它，引發所有人對抗所有人的戰爭以及人類的大量死亡。為什麼？因為我們人人都想贏，爭第一，因為人生苦短，所以，盡快地，想變得更強大、更富有、更帥美、更聰明、更高貴、得到更多人吹捧、更受歡迎、得到更多掌聲……我們人人都想拿得比一般人多，過得比一般人好，甚至渴望變換物種，變成超人，擁有獅子的力量，老鷹的眼睛，天才的突變；在某些人眼中是一頭殺戮之狼，另一些人則視之為萬世巨星，諸如此類的變形化身……我們所渴求的唯榮耀而已。權勢、金錢、魅力、辛勞本身……皆是齷齪的奴隸，所盡的服務皆為接近這至尊唯一的禍害，所有致死瘟疫中散播最快速、最有效的一種。我們要它純粹為自己獨享，將其他人全部排除在外。別人，對我們而言，變成恐怖折磨，因為在我們面前，他張揚招搖，是追求榮耀的競爭對手。愈光榮的，傳染力愈強。在全面流行的疫情中，傳播媒介運作穩定，各種範疇的分級測量反映地方疾病的熱度。只要追尋榮耀，我們之間就永無和平寧日。

普世通用的醫學應該要診斷出社會最嚴重的傳染病，當成一種會集體感染的絕症，盡力把我們治癒。擬人手法：我將這駭人的擬態模仿視為至高無上的誘惑者，正是魔鬼本尊，統治這個世界的君王。耶穌基督本人直至最後一場誘惑，也就是榮耀的試煉，才以其名稱之，幾乎可說，才承認他的存在：撒旦。（馬太福音 4：10）

如何將它從人體與人心連根拔除？

洪流滔滔，沿每個世紀奔淌。
塑造並產生時間，
自創世紀湧出一條音樂之河，

請觀察音樂之波，從世界的童年時期以來，**靈**即乘波而下，以反覆間奏的形態維繫在〈詩篇〉中，並由瑪利亞重現於產前的〈尊主頌〉裡，化為微弱的振動，振幅高度不超過富人與窮人、富足的與飢餓的人，偉大的與貧賤的人之間的差距——請看這其中幾個以人類榮耀來衡量的基準——，這距離，在施洗者約翰的吶喊中，好比山峰與山谷的落差；而這陣波的強度，依我說，在耶穌誕生之夜，當天使們齊聲讚美歡唱時，瞬間逼近最大值，亦即在此低處之地，與高高在上的天之差距。波盪美妙的音樂。這音響的穹蒼之巔是否終將昭然明示，非我們這些凡人所能抵達？

是的。事實上，倘若，榮耀高掛在那上方——在超高處（*in excelsis*），非常之高——，我們之中將永遠沒有任何人能觸及。因為，它將變得讓其他任何人事物皆無法與之匹敵。這種至高性抹滅了所有比較的可能，而世界之惡正來自比較。於是，噢，多麼神奇，我們被拯救了！榮耀不再存在於我們之間，它高棲於一座山峰之上，絕對沒有任何登山者可能插入掛勾、十字鎬，或哪個先天不良國家的可悲小旗幟。因為，如果沒有人能抵達，從此就沒有比較，沒有我們這些人的模仿，沒有嫉妒、競爭、比賽、對手，所以，也就沒有可能促使我們互相殘殺拼個你死我活的仇恨。再也沒有戰爭。天下太平。

為了避免這可能發生的滅種現象，榮耀必須僅能歸於上帝，沒有其他任何人比祂更至高無上。請祂合併所有儲存虛榮的銀行，確保萬無一失，毫無外流的可能，甚至無法從瑞士流出。總之，我知道該讚美哪一個祂。最後，我知道，沒有任何工作或作品比像修女和僧侶那樣為歌唱、合唱、讚頌的音樂奉獻一生的時間，更有用、更緊急，比我們的存活更不可或缺。我甚至知道該譜出哪樣的音波，無限遼闊的波。

洪流滔滔，沿每個世紀奔淌。
塑造並產生時間，
自創世紀湧出一條音樂之河，

順帶一提，我不知道是否存在一種或好幾種證明上帝存在的實際表現。我懷疑其中並沒有哪一種能給出定論。但是，在這裡，在〈榮歸主頌〉（*Gloria in excelsis*）這兩行詠唱中，我看出了一項精確的明示：確實有必要為人類設定一個無法抵達的高度——那裡插著一面黃色的防疫旗，表示疾病正在蔓延。世界最高燈塔上的紅色警戒！或者，僅僅就是，老奶奶請老爺爺布置櫥櫃層板，讓孫兒們搆不到存著過冬的果醬。這正好為一神論提供一則證明，這回總算是合乎理性的，而且有效救贖。事實上，當神的數量愈變愈多，你們會不會認為祂們之間常發生爭執、吵架，像人類一樣愚蠢地，推肘互槓，爭奪權力與榮耀？一切必須重來。

兩行句子說出了上帝這個概念的必要性。

惟願在上榮耀，歸與上主；在地上平安，歸與，同我們卑微的祖先，兩千年前的牧羊人，一起驟然決定將餘生奉獻給音樂，讚頌祂之榮耀的所有人。祂不在，卻是我們存活之所需，即使無法實際證明。

只有祢是聖的，只有祢是主，只有祢是至高無上的。

已經遲了；趕快！如果你想成為這份榮耀的牧羊人，成為讚揚功動的牧人。

膨脹

批評則小看貶低；懷疑則輕薄、減量、揉縮；揭發則壓榨，擠出檸檬汁滴在生蠔上，使貝肉縮得又短又窄；辯論則頑強固執，似乎能像磨刀似地磨練聰明智力，但鋒利的刀尖卻能致人於死地。這類的心胸狹小會殺人。被緊緊包綑在這些腸衣裡，善於發明的頭腦不再空閒，不再自由自在；它呼吸困難，可能悶死。批評必伴隨恨意，兩者有如孿生子；讚美則如喜悅，膨脹放大。

這狂熱的時空侵略行動，音樂以其不具意義的擴張性隨行。將意義放在第一位，這個限制，的確，使語言過於鋒利，講究分析，無法協助膨脹作用。音樂將其先於論述形成之範疇朝整體有對象的發言擴張，在我看來，與某種耶穌那般有分身術似的無所不在，堪稱等勢（équipotent），音樂因而彷彿與上帝相關。在述說之前，請你們先唱吧！譜曲，演奏，唱響〈光榮頌〉（*Gloria*）。

再加把勁，榮耀或頌揚某某人，包含我在內；就此剔除其他所有人，並協力加入這場所有人對抗所有人的戰爭，既然，所有人皆被吸引到最前線，渴望讚美，求取權能與榮耀；而擬仿行為仍不斷滋養無所不能的嫉妒心。讚美誰才適當？我更正先前一個錯誤：根本不是傳統上被定義成**任何人事物皆無法與之匹敵**的那位；因為這個句子，自曝了最大的掌幅，建立了比較的尺度，進而對擬態設下陷阱，無限敞開，製造暴力與戰爭，百發百中——世界之萬惡正來自於比較……不過，讚美**沒有任何比較可數算的那位**，或**取消比較行為的那位**，倒是非常恰當。一切等級標準皆在於祢，於祢，它消失不見，變成透明或並未出現；權能與榮耀唯屬於祢：**只有祢是至高無上的**。比較逐漸退化，直到消失於聚點（point d'accumulation），湮沒在雲霧中。我們將能過著太平日子。

所以，既然沒有任何事物將我內縮，把我們小看；既然沒有任何事物捲起我們敏感的生蠔貝肉，讚頌的喜悅膨脹，讓洪水滿溢，翻湧大浪，侵襲大地與高山，燃旺熊熊火焰，並且，宛如芬芳，瀰漫空氣或招來一陣旗鼓相當的狂風。**我的靈魂讚揚**：我的靈魂變得與宇宙同大，占據音樂的場域。

至高無上，讚美頌揚從一張卑微不已的口中湧出，那是我的口。*De profundis clamavi*：**從我的深淵，我呼喊。**從我的哀求開始，讚頌傳播蔓延。瑪利亞說得比我好：*Quia respexit humilitatem ancillae suae*，**因為祂垂顧了祂婢女的卑微**。讚美膨脹，因為我這僕人的歌頌彷彿沿著變得透明的空間升起，因為量尺就此消失。如何做到？

透過音樂。音樂能席捲時空，當然，也能占滿極低與極高之間這最大的掌幅。樂音從我沾滿泥土、不斷讚頌的口向上攀升，直達天上那難以抵達的巔峰：*In excelsis Deo*，至高之神。透過這首頌歌，我祈禱的強度放送一股波，這股波如此之高大，容納了所有波段；譜出一首總體樂曲，其振盪幅度，如同一套完整全集，盡可能囊括所有音樂之振動，也就是我先前，借用德國友人們的說法，所稱之為的 *Ur-Musik*，元祖音樂。

聖靈降臨：當然，我不會說所有語言，但我能演唱及演奏所有音樂。

不，我讚美的不是萬王之王，也不是萬能之神，亦不是至高之主；那等於去讚揚羅馬戰績彪炳、沾染

洪流滔滔，沿每個世紀奔淌。塑造並產生時間，自創世紀湧出一條音樂之河，

鮮血的**皇帝**；戰場上，踐踏千萬死屍的勝利將軍；甚至，在媒體螢幕上，某些打扮得花花綠綠的木偶傀儡，個個露齒微笑，擺姿勢拍照，高踞在差異階梯上隨便一個庸俗的等級。我讚美的僅是那位或那些不分等級的人，在量尺之外生活並付出愛的人。因為，在量尺裡的那人，儘管接近頂端，卻無法改變世界；畢竟他是世界的產物。由於他是世界製造出來的，就不能轉變世界，亦不能，雖在頂端，創造它。因為世界已被縮減成這樣的尺度：它貫穿這道滿布階級的樓梯，人類的凡俗世界，一如動物的生態，其實，由各種小差異或大級別構成，雌性服從一頭主導的雄性，平民服從小官，面對這位世界魔王，撒旦，眾人屈膝下跪。他是惡人，因為他沒有工作成果，浪費時間、生命、熱情，總是最先獲得滿足的神經怪癖，皆用來打造同樣的差異，僅論數量且單調無趣，只是取得勝利與晉升的策略。

　　見識過這類擬仿功夫的出現頻率、威力及虛華，見識過操忙相同工作的同一批人之整齊劃一，讀了敘事中全是讚揚這些，無論成功或失敗，不斷朝權能與榮耀前進之單調重複動作的神經質描述，成就作品之奇蹟，怎還可能出現？作品珍貴，少之又少，卻能治

癒這為量尺與比較所困之惡疾。撒旦缺少作品，放棄作品的人偏近撒旦；嘗試完成作品這場冒險的人，則接近辛勤工作的上帝。

所以，我將讚揚兩種人。第一種，他不在這個世界，並且，因此，不受這把量尺影響。不是君主不是萬王之王，沒有強大的能力，缺席於這個世界，如此而已。他甚至很弱，這不無可能。這個人，他辛勤工作，能創造、能改變世界，因為他不在這個世界之內，所以他出類拔萃。至於那位或那些活在當下，屬於在這個世界內部者，比方說，化身，他也一樣，其存在不受量尺影響，因為客棧中已騰不出位置，他出生於一座馬槽的乾草堆上，在牛與灰驢之間[12]；他逃往埃及，未被人口普查計入，編年史重大紀事中找不到他，任何史料都不會記載他的事蹟。他在名冊之外，分類之外，居無定所流浪三年，圍在身邊的其他流浪者，或趕著羊群穿越田野，或在湖上釣魚逆風行舟；另外還有通姦男女，妓女，稅吏……最後，他被判了屈辱的苦刑，淪為與兩名盜賊同列之囚。那一位，我能讚揚他，因為他的時空不在這個人世，十字架並沒有等級。他的世界不屬於這個國度。

宗教相關的浮現問世從不屬於歷史範疇：在編年史中缺席的人們，紀念地點找不到蛛絲馬跡的事件，沒有塗鴉也沒有玻璃碎片。往上出類拔萃，或許如此；但更可以確定的是，向下亦卓越非凡。聖保羅後來如此說自己：未臨產期而生的人（Avorton）。**哈利路亞**，弱小的人們；**哈利路亞**，被冒犯的人們；**哈利路亞**，卑賤受辱的人們。

自創世紀湧出一條音樂之河，塑造並產生時間，洪流滔滔，沿每個世紀奔淌。

但是該如何讚揚缺席者與化身？既然這兩者皆在量尺之外，被遺忘，找也找不到？我無法用語言來讚美，因為語言只會利用差異來產生意義，甚至是結構性的差異，自稱博學；透過語言，利用語言，讚美之詞一一列舉數量、質量、上百個理由，全都是等級，起伏、高丘和低谷，除了分級沒有別的……這就是各種語言的面貌，與凡俗世界中的人類一樣，與位居高位的人一樣，全然得到差別待遇：語言在這方面配合得天衣無縫。我捨棄一切差異性。也捨棄一切語言嗎？

所以，我必須，我想要，我要用那沒有差異的來讚美：用音樂！音樂在意義方面毫無差別，純白無瑕，在一片透明而光滑的幅員中，泉湧出所有可能的意義；它不特指任何獨特事物，沒有任何例外，任何不平等，任何分歧。

僅有來自音樂的讚美能既幸福又貼切。

我將稱之為缺席的音樂。的確，哪裡能找到它本尊呢？不在印於紙上的樂譜裡，這裡也有，那裡也有，一次印個幾十份；不在作曲家的手稿裡，原稿可能或佚失或焚毀，總之沉默無聲；不在某次演奏中，那回演奏隔天會改進，在別處說不定搞砸；亦不在於某副歌喉、某種樂器、某支樂團……這其中的每個項目皆能隨意互換，或幾乎可以。在這令人嘆為觀止的多樣性中，我不知道哪裡能找到音樂：彷彿會分身術似地無所不在，應在卻又未在，出現，消失……總之，與造型藝術相較，毫無創意。可安放達岡[13]《布穀鳥》或佛瑞《安魂曲》的地方，並不存在。

我稱之為化身音樂。沒有饒舌歌手或女高音的聲音和身軀，沒有吉他或中提琴振動的弦，沒有大型管風琴振盪的風管，沒有小提琴身的木頭或低音管身的金屬，沒有樂譜的紙，沒有銅鈸、響板、打擊樂器……它不能存在。它仰賴手指的力量，指尖絲絨般的觸感，仰賴呼吸氣息，仰賴電力……不可能將訊息與其所有介質全部拆散。

缺席者，化身，母與女……音樂生動傳達出那對父與子，缺席的祂，化身為人的祂。

返始（*Da Capo*）：從空虛混沌到聖言的童年

道成肉身究竟代表什麼？

雜響，音樂與語言

太初有雜響，處處爬滿銳利尖刺，無法預見，亂七八糟：那是空虛混沌。藉著柔和的聲響，音樂磨鈍這些尖刺，建造了某種柔軟的包殼，如綢緞，如絲絨……其表面，經過這樣整平後，囚住那些磨鈍了的刺針。音樂盡其所能，完善地避免吵壞我們的耳朵。雄辯之才與婉轉嗓音亦以類似的柔和吸引眾人。至於言語，靠著原音與音調的聲響，這裡一點那裡一點地，保留了柔軟的音樂表皮；卻這裡一下那裡一下地，用子音和其他成分，刺穿那層皮，嘩啦啦地，放出部分刻意挑選的尖刺：負責在軟殼之上製造意義的信號。

雜響，荊棘。音樂，光滑平順的皮層，言語是豎起針刺的文句：所以，亦是音樂，而在此，雜響恰如其分地播種而製造出意義。更甚者：雜響令人聽見無序。音樂整理這無序的狀態。或多或少：或者，如古典樂，朝平滑順耳的目標努力；或者，如較近期的音樂，任隨作品往雜響而去。於是意義可定義為重新引入某種無秩序，但刻意經過整理地，在音樂秩序中，引入為意義開路且支撐意義的無秩序。

能與動

音樂不僅位於雜響與意義之間，且這間隔可以是空間上的或靜態的；它的波動，無論上溯或下行，皆能驟然侵入雜響或語言。它最常見於居中地位，在那兒發展，並持續變得具有時間性。因此，音樂具有時空特質，能占領空間，也能模仿時間。它從雜響開始，自雜響而生，一如阿芙蘿黛蒂自海浪而生，升起，竭力朝有意義的目標努力，卻未能真正達成。音樂自雜響中浮現，雜響即是其構成材質；音樂渴望意義，那是它渴望的完美形態。尚屬於雜響時，音樂亦享有雜響的潛在能力及其原始的包容力；幾乎變成意義後，它有所欲求，出示它的實現行為。距浮現問世那個時刻早已遙遠，早已不再只是材質，而是有模有樣的形態；雖然離完成尚遠，比起現行性仍較偏潛在性，潛能成分大於意義成分。配合流逝的時間，音樂的運行不僅僅，均勻地，從過去來到現在，更從材質奔向形體，從潛能奔往實現。

體與感

洪流滔滔，沿每個世紀奔淌。
塑造並產生時間，
自創世紀湧出一條音樂之河，

隱祕，幾乎有如奇蹟，這場按部就班的演變，以一種精準的優雅，模仿著世界上萬事萬物的演進，無論惰性還是活性；以及，整體而言，世界自身的演進。所有事物，皆由材質與形狀組成，的確，或多或少，從潛能邁向實現。所以，正如物理，生動活用，世界通行，真實不虛；音樂，我們天然的母親，模仿、表現出這座普世共享的大屋宅。

並且觸動我們的情感，因為，振響著的音樂，彷彿因其意圖、因其嘈雜且震顫的材質而生氣蓬勃且熾熱滾燙，朝一種幾乎完美的形態挪動，介於其虛擬的潛能及它根本無法完美達成的實現之間。因此，受觸動似地，它挪動著。同樣地，我們受到觸動的肉身亦朝感官意義挪動，肉身擾動我們、觸動我們，如它一般。所以我們的軀體跟音樂同住在那座屋宅中。

畢竟我們自己也受到觸動地活著，因為，振動著的我們，剛從共同的軀體浮現問世，便帶著辛勞、激昂、悲壯的勇氣、喜悅與失望，急著前往一種完美境界，至今尚無能抵達，依然距離遙遠。所以音樂模仿從材質往形態前進之觸發運動，從我們的肉身往感受前進之觸發運動。音樂顫抖不已，在我們情緒的屋宅裡徘徊不去。

在我們體內蠕動的是什麼樣的嬰孩？

硬與軟

成為化身，土生水養，音樂從銅管與琴弦湧出，從堅實的物品湧出，流向這份尚未降臨的柔和意義。資訊科技的使用，如今，普遍流行，讓我們習慣了硬體與軟體這樣的區分，設備與程式，一邊是純粹的機器，另一邊，則是資料或各種套裝程式。載體一訊息這樣的分割並不能涵蓋以往實體與思想的區別方式。

的確，我們的機器，設計精密，當然已用上了金屬，晶體，甚或分子，即將輪到原子；但學術研究與工業所採取的形態，或所賦予的形態，後來居上，而且從很落後的地步，超過所謂的原料或胚形。比方說，技術人員選擇某種形體，因為它具有某種特質，適用於需要的機能，所以，主要仍是為了它的形態，洪流滔滔，沿每個世紀奔淌。
塑造並產生時間，
自創世紀湧出一條音樂之河，

而非為了它的體積。面對知識技術與製造，材質這個概念本身退居幕後，幾乎不再存在，也不再被提起。我們偏好用「硬」來形容。材質與形態，沒錯，但是，形態遠重於材質。

我們拿硬來跟軟對比，後者，它所代表的，精準地說，是一個既奇怪且矛盾的整體，將不具任何意義的編碼連結到，相反地，意涵豐富的符號，例如，由0與1組成的巨大長串；亦連結到細膩入微的冥想，深奧的交響，以及，與雜響一樣來勢洶洶的，愚昧蠢行。由於它所聚集的事物如此迴異不同，我們偏向稱之為「軟」。

因此，資訊科技的流行讓我們習慣了這種區分方式，直接從英文的 hard 和 soft 翻譯而來。

但是，軟與硬如何在我們的機器中混合共處？

硬音樂與軟音樂

音樂仰賴符碼，這一點，憑藉音符、音階、樂句，或其他記譜方式，我們都曉得。於是，一份樂譜像是一頁又一頁的編碼，像文本；字句本身已含有意碼，的確，但藉著上文提及的重重過濾，最終得到意義。無論歷史上各時期的樂譜記號呈現何種形狀，它們皆指示該如何演唱或演奏、該演唱或演奏什麼、手指放在哪裡、從哪個部位發聲……未曾像文本一樣，展現有意義的言論。像這樣，開放各種編碼與解碼的功能，這些符碼，如先前所述，因而能夠被視為演算。這就是「軟」的特性。

現在來談「硬」的性質。一件樂器，它，在與各種器具比較之下，最像一台電腦。管風琴，鋼琴，小提琴，單簧管……千萬種譜式，無論是未來的還是過去的，曾經，如今，以後，皆可在這些樂器上被演奏、實現。就這個觀點來看，它們完全與我們的電腦同樣普及萬世，而電腦也一樣，能開啟幾百萬種用途，更別說發創可造成的意外驚喜。如此遼闊的可能性，如此強大的能量，如此的潛在力量，不能用來描述一支鐵鎚或一付石磨，因為大部分的工具都是為了完善達成特殊目的而製造……在非不得已時，可以證明它的馬達動力能應付好幾種用途。所以，樂器本身的設計正如電腦的實質祖先，因為這兩樣工具皆擁有這種能量，就潛在性而言的能量：有了它們，行為有無限實現的可能，其中某些行為具創造力，不為人知，看似不可能。這正是些沒有特殊目的亦無製造概念的通用事物，可稱為信息。

因此，我們本可在極早以前就分辨硬與軟，因為這樣的分配法過去已曾發生，大約是誤打誤撞，早在文字發明之初即存在，的確如此；但尤其是從第一支蘆管排笛或最早的手鼓出現以來開始。我以前就曾察覺，天使學（Angélologie）中的詞彙，在這些與信息相關的主題上，如同當今用語的先驅。今早，我觀察到，音樂，這種合乎演算法則的藝術，其實是比它們更古老的前輩。音樂同時預示科學與科技的來臨。本書的三個章節已詳述闡明。

自從開始書寫以後，我們演奏、譜曲時，從某種角度來看，總嘗試記錄音樂。然而，無論這份樂譜以何種形貌呈現，皆必須發明一種符碼，加入編碼與解碼的功能，也就是數算。而數算這種思維的出現，在中東地區，遠遠早於號稱希臘奇蹟的幾何學，這是我在前文中試圖說明的。因此，在我看來，音樂是科學實作的可能源頭之一。由於音樂，科學思想變成必要；故音樂不僅伴隨科學產生，更先一步在前方引路。

混合了硬與軟兩種性質，音樂穩坐科學之源頭。

關於道成肉身

四人組成的訪親：以利沙伯，瑪利亞，人在現場；約翰和耶穌，尚懷在腹中，可算是已經在場，但沉默無聲。先驅者未發出曠野中的吶喊，聖言尚無片語隻言，亦無隱喻教誨；前者跳動，後者並沒有。兩名未來的母親發言，並且，因先驅者的胎動而動或感動，藉著呼喚即將到來的那位，表達出對上帝的尊崇讚頌。在腹中，實質的，母體的，有血有肉的，換言之，屬於硬性的腹中；透過口舌，感恩讚美的，吟唱詩篇的，音樂悠揚的，換言之，屬於軟性的口舌，成就了四人的訪親。

在由兩名婦人與她們的兩名男孩所組成的四方關係中，第一條路徑從以利沙伯通往瑪利亞，再從瑪利亞通往她的兒子；以利沙伯發出呼喊，並讚美那歌詠著提及救世主的瑪利亞。這條道路畫出初步的家族系譜，聖言輕柔、明亮、和諧如樂的族譜。第二條路徑從以利沙伯而下，通往她自己的腹部，先驅者在那兒騷動；然後從約翰到耶穌，後來，在約旦，前者為後者施洗。二度宣告，有血有肉，有生命期限，幽暗，且堅定實在，宣示即將改變地球面貌的那位享永生之人將來臨。第一條路取道音樂，根據聖歌詩篇與上升和墜落的節奏鋪陳；第二條路則經由高山與深谷，石礫沙漠，發出規律的呼喊。耶穌：牽引之標的或四方關係之各邊交會出的井，前者是硬，後者是軟。

四人之訪親以成就兩人之將臨（Avent）：靈性賦予言語；母體賦予血肉，材質來自堅石。兩人將臨，軟與硬，兩者相加，其總和結果名為「道成肉身」。化為肉身是什麼？軟與硬的混合。在聖言誕生之時，軟與硬相互摻融，甚至分不出彼此。這絕對不會發生：不可能的事件，最飽滿的信息。奇蹟。

洪流滔滔，沿每個世紀奔淌。塑造並產生時間，自創世紀湧出一條音樂之河，

道成肉身之軟硬融合

何以稱之為奇蹟？因為，硬的部分，如血肉、石頭與音響，如今我們已懂得如何測量其強度；對於軟的部分也一樣，措辭，意義，讚揚。前者的能量以所謂的熵值來計，展開的力道如此之強，與後者的區別有如一座數碼深淵，兩端的差距難以填滿。在軀體與靈魂之間，也隔著同樣的深淵；同樣的深淵，亦跨在跳動的血肉與觸動的聖言之間，挪動著的世界與飛行著的語言之間，載體與訊息之間；同樣的深淵，在音樂方面，區隔音響的聽覺振動、物理振動，與表達心聲的歌頌、吟詠、呼喚……該如何為這些深淵搭設橋梁呢？

優雅地橫跨在這無底洞上方，人化過程（Hominisation）之工作，透過標示演進的階段起伏與重要日期，伸出一座座渡橋。想像的，神話的，傳說的，眾繆思女神比人們所以為的更真實，嘗試搭建出第一座橋。一項瘋狂的計畫，幾乎不可能實現：利用事物來製造意義，或以意義來產生事物。要達成這個目的，至少，必須穿越地獄之洞，並冒著時時再次墜入的危險。失敗的例子：歐莉蒂絲就再次跌落冥府。在計畫中心，音樂以樂器、人聲、聖言搭橋，一如歌唱和舞蹈為軀體與意義搭橋。我想，在聖母身上，我看見了另一位繆思，更加具體，更加真實，更加有血有肉；因為，她產下了具有雙重天性的聖言：既是神又是人，既是言語又是人身。成功的例子：聖誕日那天，血肉與言詞之間的實際關係亦誕生。成功的例子：死去之後，聖言復活，並且，偏偏深入地獄，為全世界人類贖罪。化身至少成功地二度搭起奧菲斯沒建成的橋。在訪親時，這座橋由音樂率先搭好。

異議。繆思，聖母，這些辦法可都取材神話和宗教。但現在沒有人會再想起這些傳說。您以為自己在那座深淵上搭了橋嗎？

洪流滔滔，沿每個世紀奔淌。
塑造並產生時間，
自創世紀湧出一條音樂之河，

關於數學物理

我就快說到重點了。在歐洲的文藝復興時期，許多天縱英才發現，我們不能像柏拉圖在《蒂邁歐篇》[14]中所嘗試的那樣，由數學中演繹出世界萬物。而且，當然，也無法從形式推演出現實，從軟得出硬，無法跨越這道深淵。這是希臘科學的失敗。較好的方式應從現實出發，並認清它，以被編碼：一道二次方程式即可為落體的路徑編碼。現代科學的勝利。因為此時誕生了另一座橋，優雅超凡：數學物理，它是具體與精神的成功結合。

成功？您在開玩笑吧：自從康德與愛因斯坦自承不懂為何人們懂得世界、提出問題以來，誰，有誰知道如何回答？所以，是否再一次地，出現了一項得到最頂尖學者認可的奇蹟，而且不針對特定對象？什麼樣的奇蹟？透過它，數學語言能表達現實，真實不虛；透過它，大量出現且印在事物上的編碼，能明確表達它們。那麼，您想要說：密碼的意義決定了世界萬物，決定了它們的存在、它們的實際狀態？所以，您想要說：硬的性質與軟的性質相互結合或融合？在此，儘管我們不明其所以，但橋梁依舊橫跨兩端？因此，我們極少聽說這樣的奇蹟，好比極少聽說道成肉身那個奇蹟一般？我們觸及重點了。

音樂混合硬與軟：這樣的事絕對不會發生，是不可能之最，奇蹟。在自然科學重生之源頭，數學與實驗的相遇，同樣地，混合了軟與硬。自此以來，曾有些人說，這場無法預見的奇蹟，連古希臘人也不知其存在，只可能發生在遭遇過化身事件驚擾的文化中，那亦是一場不可能的事件。所以，康德與愛因斯坦所說的，世界萬物可藉由一種形式語言去理解，這難以理解的奇蹟需憑靠另外那場奇蹟：那一次，血肉之物與言語之形互相混合。再次如此近似地，在資訊科學的源頭，也重演了同樣的相遇，硬體與軟體的混合。新的奇蹟，成為化身的新替身阿凡達（avatar）？

這些混合，這些結合，意味著什麼？

四種融合

合金，它顯示又隱藏一種金屬如何消失在另一種金屬裡，例如珍貴的黃金，消失於庸俗的黃銅製的五毛錢裡。手中握著銅板，您握著黃金，手裡卻沒有黃金；您操弄其中的矛盾。的確，黃金在您的手裡，但要精確指出它在哪裡，以便保存、取得、偷走，您辦不到。

黃金存在，又不存在。

同樣的道理：心靈，與軀體融合，如何隱藏其中，又如何從中顯現？它在哪裡？透過振動的琴弦發散，或融合在管柱的空氣之中，音樂在哪裡？不在現場，然而卻也在現場。而美感，消融於奏鳴曲的圓滑連貫（*legato*）或特定節奏的祕密中，它在哪裡？消失在世界中的上帝，迷失在人群中的基督，在哪裡？就算遇見了，我們也認不出祂們。還有，實驗室那一大堆金屬與玻璃器材中如此難以發現的那道方程式，在哪裡？哪裡去找混入海水中的那滴美酒？汪洋處處，是否該從合恩角（Cap Horn）到貞女島（Ile Vierge）一路探尋？一毫升的葡萄酒湮漫大海之中。它在海裡，又不在海裡：這就是各種化身的神祕之謎。

我在這裡，又不在這裡。

洪流滔滔，沿每個世紀奔淌。塑造並產生時間，自創世紀湧出一條音樂之河，

音樂從樂器發聲：里拉琴、維奧爾琴、電子吉他；從人聲發散：低沉的男音或細緻的女聲；從振動的琴弦、振盪的氣柱：與世界萬物同樣堅實硬性的波。從這些所在湧出的音樂，卻並不局限於此。音響

要成為音樂，尚需其他元素，很難定義，但必屬軟性，如意義之前的訊號，造就賦格、饒舌或沒有歌詞的發聲曲，觸動人心之神祕。由於這神祕發生在言語將臨以前，談論音樂仍是無從下手之事；事實上，必須先消除，然後繁衍我所說的意義——如何辦到？這本書說了音樂的千百樣事情，甚至不得不為音樂下了幾百萬次定義，因為，偏偏，它廣納所有意義，而文字所能及的意義卻少之又少。

是的，音樂展開將硬與軟結合為一的鑄造。在這場融合中顯現、隱藏、迷途、消失。前文中，我已說過，不在現場，成為化身。

音樂在這裡，卻又不在這裡。

拿來與聖言降世為人的道成肉身之謎並比，這則神祕之謎是否就能立即明朗？貞女聖母，瑪利亞，腹中懷著祂，歌唱加上訴說，亦即吟詠聖詩。訪親這則敘事描述出音樂先於聖言誕生，讓音樂從血肉、跳動、產前的觸動發源展開，彷彿一場道成肉身的前置作業。音樂在懷孕期，在起始程序，在將臨期，在化身誕生以前，占有一席之地。

道成肉身接著表達出這個事實，隱晦卻明顯的事實：言語源自身軀，意義源自音響；而，從頭到腳，振動著的，身為言語的一部分，這整副軀體被言語貫穿，變形成為言語。肉身變成聖言而聖言化為肉身；聖言化為肉身而肉身變成聖言：總之，肉身即為聖言。存有動詞（être），其意義虛無或不定，我們從來不解；因為，在肉身與聖言、硬性與軟性的合成中，後者存在於前者之中，在那裡顯現、隱藏、迷失、自處。

它在那裡，卻又不在那裡。噢！我實在不敢信任存有動詞，它於吸收存在與不在的黑洞上搭橋並將黑洞隱藏……同時開啟暢所欲言及胡說八道的可能！

洪流滔滔，沿每個世紀奔淌。塑造並產生時間，自創世紀湧出一條音樂之河，

讓我重新開始：音樂和道成肉身，在與發生於文藝復興時代的數學物理興起相比之後，這兩則神祕之謎是否就能立即明朗？柏拉圖的《蒂邁歐篇》試圖從幾何形狀推演世界及萬物。失敗之例：古希臘人未能發明應用科學，因為他們未曾了解，在具體經驗與形式公式之間，將硬質的、會墜落的沉重軀體，與軟質的二次方程式融合為一是必要的。他們相信硬從軟演繹而來。

在這些古人心目中只不過是模仿的部分，在現代

人看來，變成了應用：選這個詞，再一次地，描述一場硬軟之融合，並非十分貼切。這種新合金的技術成效與前瞻性對我們來說頗為耀眼炫目，以至光芒長期遮蔽了奇蹟，對，康德與愛因斯坦同時宣告的那則神祕的謎，兩人皆不明白為何世界能自我明白——這一點我在前文中已提過——，因為，如果世界以數學語言寫成或編碼，那麼，軟質將突然間密集遍布於硬質之中。在那裡與之融合、自處、顯現、隱藏。

它在那裡，卻又不在。

如果世界以數學語言編碼，物理則融合介於這硬與軟之間的這種方程式和這種經驗，打造神祕的合金。審判伽利略的戲劇性場面遮蔽了那個歷史時刻：在那個時刻，從神化肉身這個基督教觀念所塑造出的領域，物理誕生。

在與當代的習俗作法相比之後，這三則神祕之謎是否就能立即明朗？在人類僅有口語的階段，載體－訊息這對組合，透過從某人的軀體湧出的呼喊、叫喚、建議與怨嘆呈現，那是從古希臘行吟詩人或非洲巫師樂手汲取靈感的聲音；巫師從肉體發出音樂、歌唱及言語。他們在沙漠中呼喊，每個人的喉嚨都歌頌著這場化身。一旦到了書寫階段，古人將他們的箴言刻在青銅上，將懊悔遺憾或夸夸之言刻在大理石上，而最早的記事員則在小牛皮或羊皮紙上寫下一行又一行。言語之血肉外顯表露，變形成為金屬銅板、大理石板、鞣製的皮革，編上頁碼，開始最早的印刷……物質，硬性，相較於肉身麻木無感，並且，同樣地，被編碼，被我們以文字編碼。印刷廠即將問世，機器大量生產書籍，產生新的載體—訊息組合。資訊科技興起，再一次地，賦予這對組合一個新的替身。如今這個組合被視為器材與程式：於是，從此以後，訴求很清楚，這就是軟－硬對偶的正身。不借助硬體，如何定義軟體呢？這就好像，後者在前者之中顯現、隱藏、融合、迷失。

它在那裡，又不在那裡。

話說，在本書中，我不斷闡述：為了誕生，為了被聽見，音樂需要實際作法，類似這些讓電腦器材運作的演算法；那些器材本身原是樂器的遙遠後代。

而整個循環重新展開。

音樂，化身，物理，資訊科技，這正是軟－硬合成的四種融合。在道成肉身這幾個字背後，我亦清楚聽見，尚未明朗的，那則神祕之謎：軟性的靈魂與硬性的軀體之間的關係。

靈魂在其中，卻又不在。

音樂透過音符傳播，每個音符各自沒有任何意義，串連在一起也差不多；資訊透過二進位演算傳送，0與1，位元與像素，其中信息沒有任何意義；物理透過數學法則傳達，我們把未知數命名為x或y，而那些公式並沒有論述意義；至於化身，談論的是靈魂或某種我們毫無所知的神性。

音符，數字，符碼……用來歌唱、行動或認識，我們操控著各種意義為零的代幣。要通往意義與理解，必先經過一座不具意義的闇室，才能獲得最理想的成功。

我的生存亦如是。

在我看來，這四項融合之間的連結極為強大。以下，快速地，列出這些關係之間的糾纏。聖母訪親的敘事說明音樂出現在化身之前。十種樂器，這麼多的演算，機器，音符，位元，說穿了也就是信息，保障這些歷史與實際運用的關連，將音樂與資訊科技結合起來。上千種應用，尤其是機器人應用，拉近物理與資訊科技的關係。文藝復興時期的文化偶然與許多事件讓人明白：在充滿化身說的基督教條環境中，物理已冒出頭來。我試圖連繫音樂與物理之間最後這份關連，絕望地，歌詠一項嶄新且前所未聞的聽覺認識論。

洪流滔滔，沿每個世紀奔淌。
塑造並產生時間，
自創世紀湧出一條音樂之河，

包括我，我們之間沒有人，能活在靈魂未融入體內，說出的語句中沒有音樂，不在機器上書寫，不認識其他人與世界萬物的情況之下。

我在這裡，但又不在這裡。

面對這四項奇蹟，四種融合，我們驚訝不已，那是因為我們欠缺一種探討混合的哲學智慧。我們分析成癮，精密的辨別，無止盡的二分法，以及有如獸爪般尖銳的專長，二元論述，這些都有其用處，當然；然而，在我們祕不為人知的樂趣深處，我們的對決、對戰、分裂、辯論、衝突與戰爭、仇恨，則阻礙我們前行。含混雜亂的狀態為人所輕視，但卻描述出兩種或兩種以上的液體如何互摻，形成我前文中所提及的融併合成。我們也缺乏孳長累積的哲學智慧，儘管混凝物，甚至連地球本身，皆由此而生。所謂混凝物（le concret），即兩種物體之聯合，在此即為合成，硬與軟的合成物；混凝物，也就是說，世界萬物，活著的生命體，合為一體的音樂與言語，訊息與載體。

我們缺乏相遇、匯流、合成、孳長、體與體融合的智慧哲學……我們不喜歡交媾，卵母細胞，胚胎，孕婦，母親，愛……音樂……為了表達這一切混凝出的奇蹟，我們會說：雙重天性（double nature），而 *natura* 這個字，其字根意味**即將出生者**，指的是產前之子，將臨期，孕婦，卵母細胞，交媾……以利沙伯和瑪利亞，先驅者與聖言……

自從《博學第三者》（*Le Tiers-Instruit*）以及《混合體之哲學》（*La Philosophie des corps mêlés*）以來，從《寄食者》（*Le Parasite*）和共生觀（*la symbiose*）以來，從《雌雄同體》（*L'Hermaphrodite*）和《自然契約》（*Le Contrat naturel*）以來……我便致力於建構這種混凝的哲學。

音樂是什麼？即這樣的孳長。融合混凝萬物之火焰所形成的無窮無盡且振動不已的氛圍。

和平

從前從前，在平凡的時代，一場衝突，又一場，持續已好幾千年。深愛著萬物與材質的地球之子對戰形態之友；後者這個族群則熱愛，瘋狂地愛著，精神、靈魂、音符、文字。前者眼中盡是有血有肉的物質生活及世界，他們口中的真實世界，透過昭然若揭的透明語言訴說；而後者早已決意認為事物本身受人類對它們的敘述、思考或感受左右，無論是單獨個人或整個社會。一方在有效經驗的領域，或有時在科學領域，成就輝煌；另一方在實演證明上大有斬獲，迫使前者接受挑戰，需在慣用的或數學的名詞以外，個人感受或集體建立的理論以外，展現真實；你們所謂的真實，他們說，只是夢一場。

洪流滔滔，沿每個世紀奔淌。
塑造並產生時間，
自創世紀湧出一條音樂之河，

一如所有的戰鬥，這場辯論交織出一個場面，其熱烈程度燃旺了哲學劇場。這場火藥味十足的戰爭，最滑稽可笑之處，在於彼此辱罵，單方一意孤行且雙方互相攻訐：現實主義者或物質主義者認為他們的對手是空想神魂的神祕主義者；至於唯靈論者或理想主義者，由於他們的信仰剛硬如鐵，堅信著某種真實，而那真實卻永遠與他們有一段距離，隔著可偽造的經驗或理論這道極厚的牆，因此，如幽靈一般，永遠難窺其面目。

與許多其他衝突一樣，這場僵持千年的對抗，既非取決於真理，亦非取決於其追尋，而在於所有人都愛看所有戰爭，以及戰爭為所有觀眾和歷史書寫所演出的無聊馬戲。因此，只要政治動物的凡俗世界還在，演出繼續，衝突就會持續。

然而，他們互相貼近！然而，宛如合金的過程，他們融入了彼此！然而，他們連成了一塊！然而，他們相融相併！永遠地混合為一，無法離析。我拉扯其中一方的尾巴，另一方總跟著出來！

事實上，誰曾感知某個飄揚在空中的字，或說出口的或唱出聲的，卻沒有沉重的實體或厚實的載體？某個不透過金屬樂器、蠟盤唱片或挺立的男高音卻能響起的音符？誰曾見過某種程式，不需任何硬體即可使用？要全面掌握我的語言，我不能沒有字典、百科典藏、資料庫、裝訂成冊的紙頁，或儲存在晶片上的電子記憶。即便是律法精神也不能脫離將其銘記的文字。

相反地，而這是今日的大發現之一：在我們的所知中，不再有某種世界事物，岩石或沉積地層，無論洪流滔滔，沿每個世紀奔淌。
塑造並產生時間，
自創世紀湧出一條音樂之河，

個體的或群體的，生物，分子，細胞，器官……是我們所不能陳述說明或解碼的。所有的一切無一例外，物質，活體，人類，皆儲存信息，處理，接收，發送。

凡符碼皆有力量，凡力量皆有符碼，凡硬必有軟，反之亦然。凡形必有質，凡質必有形。凡訊息必有載體，凡蠟板必有編碼。

這即是混凝物。

這稱為物理，其存在本身即暗示某種算式與具體經驗之間產生有效而決定性的合成。這稱為信息科技，軟體程式與硬體器材密不可分。這稱為世界，龐大，混凝的，編碼及被編碼。這稱為存在，有血有肉又有意義。這稱為我，具備軀體、肌肉，神經會緊張，有性有慾，時不時即感動落淚，日復一日，每天早晨為本部作品寫滿一頁又一頁。這稱為道成肉身，此兩種天性不可剖析劃分。

這稱為音樂。這座浩瀚大海，將世界浸淫其中，使其充盈滿溢；孕育大量繁衍的生物，衝擊人類、群眾與文化。這片汪洋，凡人們帶著觸動之情深潛。音樂之海，其聲波占滿宇宙，率先奏響意義感受之普世價值，然後才有人得以表達自我，流淚的才能獲得安慰，讚頌的才能滿懷歡喜。

兩名雙生子漫長對戰中的和平時光。

無盡的流浪

三段生命之旅：奧菲斯的旅程，屬於傳說的，在地中海沿岸區域，朝他的繆思母親們而行；我的旅程，是真實的，理性的，凡塵俗世的；這兩段旅程，在某個時刻，皆絕望地往下走向地獄。最後一段，聖經敘事的旅程，則由空虛混沌邁向聖言……這部三段孩提之書，三段聽來宛如三首狂想曲的大敘事，三條大河各自迴異，朝信息的最大值滔滔奔流……這本書混合藝術與技能，情緒與理智，身體與靈魂，科學與宗教：駭人聽聞！

世界之萬物，人類的行動，辛勤的理由……總而言之，混凝的成果……日日展現如此的駭人聽聞。

哲學高聲歌詠之。

Jailli de la Genèse, un fleuve musical, modelant et produisant le temps, descend les siècles, torrentiellement.

柏林－史丹佛

二〇一〇年八月至十二月

洪流滔滔，沿每個世紀奔淌。塑造並產生時間，自創世紀湧出一條音樂之河，

1 Visitation，「聖母訪親」，基督教傳統節日之一，紀念聖母瑪利亞拜訪以利沙伯（Elisabeth）。

2 Annonciation，在基督教中指天使加百列告知聖母瑪利亞她將受聖神降孕而誕下聖子耶穌。

3 根據史賓諾莎的著名聲明《神或本質或自然》（*Deus sive substantia sive natura*）而來。史賓諾莎認為唯一存在的是自然，並且等同於神（即「自然就是神」）。

4 Emmanuelle Laborit，法國女演員及作家，天生聾啞，七歲起學習手語、與外界溝通。一九九三年曾以《靜默的小孩》得到法國莫里哀戲劇新人獎，一九九四年出版自傳作品《海鷗的叫聲》（*Cri de la mouette*）。

5 Ignatius Philipp Semmelweis（1818-1865），匈牙利產科醫師，現代產科消毒法倡導者之一。他在維也納和布達佩斯醫院產科工作時，發現產褥熱是由接生人員的雙手或器具受到汙染傳染產婦所引起的敗血症，於是提倡使用漂白粉溶液消毒接生人員配備，後來採用這種方法的醫院產褥熱死亡率明顯減少。儘管他出書以數據分析說明產褥熱的問題根源及預防方式，卻因匈牙利出身而備受打壓，最終被送入精神病院，十四天即猝死。

6 Niels Henrik Abel（1802-1829），挪威數學家，開啟許多領域研究，以證明懸疑餘兩百五十年五次方程根式解的不可能性和橢圓函數的阿貝爾方程式聞名。跟同樣早逝的伽羅瓦一同被奉為群論先驅。儘管阿貝爾成就極高，生前卻不得志，無法獲得教職、專心從事研究，最後因過度貧窮染上肺結核逝世。死後兩天，聘書才寄達家中。

7 Evariste Galois（1811-1832），法國著名數學家，十幾歲時便發現 n 次多項式可以用根式解的充要條件，解決了長期困擾數學界的問題，奠立伽羅瓦理論（抽象代數的一個主要分支）及伽羅瓦連接領域，是第一個使用「群」這個數學術語的人，與阿貝爾並稱現代群論之創始者。

8 Gregor Johann Mendel（1822-1884），奧地利遺傳學家，天主教聖職人員，遺傳學奠基人。一八六六年，他以豌豆雜交實驗為題，發表了《植物雜交試驗》的論文，提出了基因顯性、隱性性狀等重要概念，並闡明其遺傳規律，後人稱為「孟德爾定律」；但當時並未受到學術界重視。直到一九〇〇年，孟德爾定律才由三位植物學家證實，成為近代遺傳學基礎。

9 Ludwig Eduard Boltzmann（1844-1906），奧地利物理學家、哲學家，最偉大的成就是透過原子的性質來解釋和預測物質的物理性質，發展出統計力學，並從統計概念出發，完美闡釋了熱力學第二定律。

10 Alfred Lothar Wegener（1880-1930），德國地質學家、氣象學家、天文學家，「大陸漂移說」創立者。韋格納留意到非洲大陸西岸和南美洲東岸的海岸線極其相似，因此推測各大陸原本是相連的，一九一二年首次提出大陸漂移之觀點，一九一五年正式出版《大陸與大洋的起源》一書，卻始終未引起關注。為尋獲更多證據支持，他曾四度前往格陵蘭進行極地及冰河學探險活動，在第四次的探險不幸罹難。科學家在發現巨大陸塊移動的原因之後，他的理論才獲認可。

11 Machisme，亦名「經驗批判主義」。十九世紀後至二十世紀初流行於德國、奧地利及歐洲大陸的唯心主義哲學流派。以其創始人馬赫（Ensrt Mach）得名。馬赫主義強調經驗的重要性，將感覺經驗看作是認識的界限及世界的基礎，強調一切科學理論不過都是實作之假設，只有方便與否之分，沒有正確與錯誤之別。

12〈*Entre le bœuf et l'âne gris*〉，這首歌可追溯至十六世紀初，乃至今最古老的法語聖誕頌歌。根據天主教傳統，最初的聖誕頌歌（Chant de Noël）是指為慶祝

耶穌的誕生，天使們在耶穌誕生的馬槽上方演唱的聖歌。這首《牛與灰驢之間》唱的正是在有著牛與灰驢的馬槽中，耶穌誕生的歡慶場面。

13 Louis-Claude Daquin（1697-1772），巴洛克時期法國鍵盤音樂作曲家，六歲時就在路易十四面前彈奏撥弦琴，現代人熟知的著名樂曲《布穀鳥》為典型洛可可曲風，正是其代表作。

14 *Timaeus*，柏拉圖的一部作品，約撰於西元前三六〇年。以蘇格拉底、赫莫克拉提斯、克里提亞斯等哲學家的對話形式，試圖闡明宇宙萬物真理。

Pensare
01

音 MUSIQUE 樂

言語之源，萬象之母，關於「音樂」奧義的三段吟遊航渡

作 者
米榭．塞荷
Michel Serres

譯 者
陳太乙

副總編輯
江灝

美術編輯
張倚禎

特別致謝
吳坤墉　任興華

出版
獅鷲出版／遠足文化事業股份有限公司

發行
遠足文化事業股份有限公司
（讀書共和國出版集團）

地址
231 新北市新店區民權路
108-2 號 9 樓

郵撥帳號
19504465
遠足文化事業股份有限公司

電話
(02) 2218-1417

傳真
(02) 2218-8057

信箱
winston@bookrep.com.tw

法律顧問
華洋法律事務所
蘇文生律師

印刷｜中原造像股份有限公司
初版一刷｜ 2025 年 6 月
定價｜ 420 元
ISBN 978-626-99064-3-7 （平裝）
EISBN 978-626-99064-4-4 （EPUB）
EISBN 978-626-99064-5-1 （PDF）

國家圖書館出版品預行編目（CIP）資料

音樂：言語之源，萬象之母，關於「音樂」奧義的三段吟遊航渡 / 米榭．塞荷（Michel Serres）作；陳太乙譯. -- 初版. -- 新北市：遠足文化事業股份有限公司 獅鷲出版：遠足文化事業股份有限公司發行，2025.06
184 面； 14.8 x 21 公分
譯自：Musique
ISBN 978-626-99064-3-7（平裝）
1.CST: 塞荷（Serres, Michel, 1930-2019） 2.CST: 學術思想 3.CST: 哲學 4.CST: 音樂
146.79　　114005631